중국도서관의 이해와 사례

노영희 | 정대근 | 장징징

머 | 리 | 말 Contents

2008년 연구차 중국국가도서관을 찾았다. 당시 아시아 최고 건물로 새롭게 건축된 중국국가도서관을 보면서 역시 중국의 스케일은 남다르다고 생각했다. 그때 선물받았던 개관기념으로 제작된 도서관 우표집은 나의 책장 속에 고이 간직되어 있다. 그런데 중국도서관에 대해 좋은 기억만 가지고 있는 것은 아니었다. 중국국가도서관을 둘러보고 시간이 남자 일정에는 없었던 베이징대학교도서관을 보고 싶은 마음에 갑작스럽게 베이징대학교도서관을 찾았다. 건물 입구에는 보안(保安)이라고 불리는 경비원이 있었고, 학생증이 없으면 들어갈 수 없다는 가이드의 말에 당시 북경대학교 학생이었던 가이드의 학생증을 빌려 몰래 들어가려다 적발되었다. 꼭 한 번 둘러보고 싶어 간절히 애원했으나 결국 거절당하고 도서관 건물을 배경으로 한 사진 한 장만을 남기고 돌아섰던 기억이 있다(뒤에 알게 된 사실이지만 몰래 들어가다 적발되면 벌금도 물어야 한다고 한다.). 아시아 최고의 도서관이라는 명예 때문이었을까? 텃세였을까? 아무튼 아시아 최고의 대학도서관을 둘러보지 못해 못내 아쉬었던 마음은 지금도 간직하고 있다.

사실 중국의 도서관을 처음 찾은 것은 2003년이었다. 길림성의 성급도서관이었는데 길림성도서관 부관장은 도서관 장서가 600만 권이 넘는다고 안내해 주었다. 당시 우리나라 국립중앙도서관 장서가 400만 권이 조금 넘는 상황이었으니 그 규모면에서 놀라지 않을 수 없었다. 시설적인 면에서는 우리나라보다 뒤떨어져 있었으나 장서수와 직원수면에서만큼은 우리나라 도서관을 능가하고 있었다.

그렇게 기억 속에서 중국도서관에 대한 기억이 사라질 즈음 우리나라 특화도서관에 대해 연구하면서 중국에 특색 있는 도서관이 많음을 깨닫고 다시 중국도서관을 연구하였다. 그렇게 중국의 도서관을 우리나라와 비교하여 살펴보면서 또다시 중국도서관의 거대함에 압도되는 것을 느끼지 않을 수 없었다. 우리나라 국립중앙도서관의 장서수가 2019년 현재 1,100만 권인데 중국 국가도서관은 2017년 12월 기준으로 이미 3,760만 권을 넘었으며, 희귀본만 200만 점 이상을 소장하고 있었다. 대학도서관 역시 서울대학교도서관이 2019년 현재 500만 권을 조금 넘는 상황에서 베이징대학도서관은 2015년 기준으로 이미 1,100만 권을 넘어서고 있었다. 장서수뿐 아니라 서비스 측면에서도 중국은 지속적인 투자로 매우 발전되었음을 확인할 수 있었다. 중국에 대해 조금 관심을 가지니 중국의 도서관에 대해 우리가 너무 모르고 있다는 사실을 깨닫고 급속도로 발전하는 중국의 도서관을 많은 이들에게 알리고자 이 책을 기획하게 되었다.

우리가 이미 알고 있듯이 중국은 문명의 발상지이며, 다양한 서적을 발간하였고, 많은 장서처를 가지고 있으며, 〈사고전서〉, 〈영락대전〉 등을 편찬함으로써 책에 대한 국가적 관심도가 높음을 알 수 있었다. 뿐만 아니라 개인장서에 대한 관심 또한 높아 공자, 맹자의 저서는 물론 가문이 나서서 개인장서를 보관한 천일각 등 국가를 넘어 개인 또한 많은 노력을 기울였다. 1960년대 '문화대혁명'을 거치면서 중국의 도서관은 크게 위축되었지만, 1990년대 이후 현대화되었고, 2000년 이후 문화교육사업의 일환으로 도서관에 많은 투자를 하면서 현재의 공공도서관서비스 시스템을 갖추게 되었다.

2003년 필자가 처음 도서관을 찾았던 시기는 중국의 도서관이 기지개를 펼 준비를 하고 있었던 시기였다. 그 후로 15년여가 지난 지금 중국의 도서관은 규모뿐만 아니라 서비스의 측면에서도 매우 발전해 있으며, 디지털도서관으로의 변화에도 매우 발빠르게 대처하고 있다.

이 책은 이렇게 급속하게 발전하는 중국도서관 발전의 원동력이 무엇인지를 파악해보고자 하였다. 이를 위해 중국도서관에 대한 전반적인 역사와 함께 중국도서관의 현황을 살펴보았으며, 도서관의 역사, 장서량, 건축면적 등 여러 방면에서 중국 최고의 도서관으로 뽑히는 중국 10대 도서관을 면밀히 살펴보았다. 중국의 10대 도서관은 중국국가도서관(국가도서관), 상하이도서관, 난징도서관, 중국과학원 문헌정보센터(전문도서관), 베이징대학도서관(대학도서관), 충칭도서관, 산둥성도서관, 쓰촨성도서관, 톈진시도서관, 광둥성립중산도서관 등 국가도서관, 대학도서관, 전문도서관 각 1개 관과 공공도서관 7개 관이다. 이 책에서는 각 도서관의 전반적인 개요와 연혁, 각 기관의 시설, 장서, 조직 등을 구체적으로 살펴보았다. 또한 도서관을 중심으로 운영되고 있는 서비스 및 구체적인 프로그램을 조사하여 수록하였다.

이 책은 중국도서관을 이해하기 위한 첫 사례집이라고 할 수 있다. 이 책을 통해 우리나라의 많은 도서관 연구자들이 중국도서관을 조금 더 이해하는 계기가 되었으면 하는 바람으로 글을 썼으며, 향후 특색 있는 중국의 다양한 도서관도 소개할 수 있기를 소망한다.

이 책을 위해 중국도서관의 사례를 수집하고 번역을 도와준 장징징 연구원과 퇴고를 위해 힘써준 김윤정 연구원 등 제자들에게도 심심한 감사를 표한다.

2019년 6월

저자 노영희, 정대근

차 | 례 Contents

Chapter 01 중국도서관의 역사

Chapter 02 중국도서관 현황

Chapter 03 중국의 10대 도서관

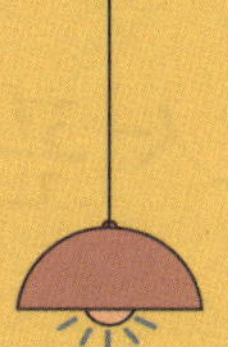

중국도서관의 역사

1. 한자의 기원
2. 중국 초기의 문헌 유형
3. 중국 고대 장서
4. 중국 근대도서관
5. 중국 현대도서관

중국도서관의 역사

1 한자의 기원

중국의 한자는 원시사회의 상징 기호와 그림에서 진화되었다. 고고학에 의하면 '시안빤뽀양사오문화유적(西安半坡仰韶文化遗址)'에서 발굴된 도자기에서 기호가 처음 발견되었다. 한자의 기원은 학자들에 따라 다르게 주장되고 있는데 일부 학자들은 이 기호가 한자의 시작이라고 생각하고 있지만, 다른 학자들은 문자가 아니라고 주장한다. 1991~1992년, 산둥성 조핑딩에 있는 '용산문화유적(山东邹平丁家村龙山文化遗址)'에서 발견한 기호가 적힌 도편(陶片)은 한자의 기원으로 간주되었다. 고대 중국에는 한자의 기원에 관한 많은 전설이 있으며, 그 중 창힐(仓颉)이 한자를 창제했다는 이야기가 가장 널리 전해지고 있다.

문자는 기록매체에 기록되고, 기록매체를 통해 보존된다. 이로 인해 문자는 누적되고 확산되어 모든 사람이 함께 사용할 수 있는 도구가 되었다. 고대의 문서, 기록, 원고 및 저술과 같은 기록매체는 전적(典籍)이라고 부른다. 중국의 문자기록의 역사는 매우 오래 되었으며 많은 문서와 사본(写本), 인본(印本) 및 여러 형태의 문서가 출판되었다(사조화 2011).

2 중국 초기의 문헌 유형

1) 석기문헌(石质文献)

구석기시대 사람들은 돌을 사냥도구로 사용하였을 뿐만 아니라 장식품으로도 사용하였다. 사람들은 돌담이나 동굴에 동물을 그리거나 사냥활동을 기록하였으며, 상징으로 이해할 수 있는 벽화를 그렸다. 철제 농기구 등 철제를 광범위하게 사용한 흔적이 있는 수많은 석기문헌이 나왔다. 석기문헌은 무겁고 가공하기가 어렵지만 오랫동안 보관할 수 있고 복제가 수월하기 때문에 문학 보존을 위한 중요한 재료로 사용되었다.

2) 점토판문헌(泥质文献)

찰흙을 태워 판각을 만들거나 점토로 만든 다양한 도자기에 글을 남겼다. 중국의 일부 학자들은 도자기에 묘사된 기호가 문자라고 생각했다. 점토판문헌은 여전히 문학 발전에서 매우 중요한 위치를 차지하고 있다. 그러나 점토판문헌은 쉽게 만들 수 있지만 보존하기가 어렵다는 단점으로 인하여 서사재료는 이후, 거북이의 껍질, 동물의 뼈, 석재 등으로 대체되었다.

3) 갑골문헌(甲骨文献)

갑골문자는 귀갑수골문자(龟甲兽骨文字)라고도 하며, 중국 은(殷)나라 때 점을 치는 데 사용했다. 귀갑(龟甲)이나 우골(牛骨)에 새긴 문자는 주로 복점(占卜)에 관한 내용이기 때문에 이것을 '은허복사(殷墟卜辞)' 또는 간단히 '복사(卜辞)'라고도 한다(정동열 2014).

갑골문헌은 재료를 구하기 힘들고 글쓰기가 어렵지만 오랜 보관기간을 가지며 왕조의 중요한 기록수단이 되었다. 특히 20세기의 허난(河南)성 안양(安阳)시의 '은허유적(殷墟遗址)'에서 발굴된 많은 갑골문헌과 산시성 치산 주원(陕西岐山周原)에서 발굴된 갑골문헌은 중요한 역사적 문헌으로서 가치를 가진다.

4) 죽간목독(竹木文献)

중국 주대(周代)에서 대나무와 나뭇조각에 글자를 써서 만든 책을 말한다. 진대(秦代)와 한대(漢代)에 성행하였으며, 육조대(六朝代)에도 사용되었다. 재료로는 대와 나무를 사용하였는데, 전자를 죽간이라 하고, 후자를 목독이라 한다. 또한 대나무 통을 낱낱이 쪼갠 것을 간(簡)이라 한다. 죽간목독은 생산하기가 편리하고 휴대가 쉽기 때문에 중국에서 중요한 서사재료가 되었다.

5) 청동문헌(青铜文献)

노예사회에서 중국의 하(夏)왕조는 일찍이 제련 방법을 사용하여 청동을 다듬었다. 은상(殷商)시기에 청동을 사용하여 의식, 무기 및 생활용품을 생산하기 시작했다. 청동의 주인이나 수집자를 기록하기 위해 청동에 각종 조약, 법령, 고지서 등을 새겼다. 이러한 글자가 쓰인 물건들은 실제로 정보를 전파하는 매체가 되었다. 일반적으로 청동에는 수십 또는 수백 개의 단어가 있으며 청나라 말에 발견된 모공정(毛公鼎)에서 비문 497개 단어가 있었다. 그러므로 청동문헌은 중국의 은, 서주 및 춘추의 중요한 문헌 형식이라고 볼 수 있다. 또한 청동문헌은 대부분 왕실 문서로 사용되었다.

6) 실크문헌(丝质文献)

실크소재는 오랫동안 귀족들의 의상제작을 위한 재료가 되었지만, 실크소재는 넓고 평평하며 길이를 자유로이 재단할 수 있어 글자 및 서예재료로도 널리 사용되었다. 창사시의 마왕퇴(长沙马王堆)에서 발견된 백서는 유교의 고전, 의학문헌 및 지도와 같은 중요한 문헌을 남겼다.

한자는 그림, 상형문자, 각목, 매듭으로 발전되었으며 다양한 재료에 쓰였다. 여러 가지 서로 다른 매체의 문헌들은 모두 물질성, 기록성, 전파성, 공유성 등의 특징을 가지고 있다. 이러한 문헌들은 모든 문명의 발전을 기록하고 선진문화를 전파하며 문화유산을 보존 및 문명의 진보를 촉진하는 데 큰 역할을 했다.

3 중국 고대 장서

일반적으로 중국 고대 장서의 역사는 주나라에서 시작했다고 보고 있으며 중국 정부의 관부장서(官府藏书)를 시작으로, 개인장서, 사원장서와 서원장서의 4대 장서체계가 점차 형성되었다.

1) 관부장서(官府藏书)

관부장서는 일반적으로 '관장(官藏)'이라고 하며, '관장'이라는 용어는 두 가지 의미가 있다. 하나는 상대적으로 개방 정도가 높은 국가장서 모음을 의미하고, 두 번째는 관부 내부장서를 말한다. 궁 내부의 장서는 황제와 일부 내부관원들에게만 공개 및 제공하였다.

주(周)시대에 이르러는 도서관 성격을 띤 기관이 많아짐에 따라 성부에는 대사(大史), 소사(小史), 내사(内史), 외사(外史) 그리고 어사(御史)의 오사(五史)에 많은 장서가 있었다. 이러한 장서문화는 곧바로 춘추전국시대에까지 이어져, 각 제후국에도 모두 사관(史官)을 설치하여 장서를 수집・보관하였으며, 전대의 경험과 지식을 바탕으로 대내외적 통치력 강화를 위한 장치로 이용하게 되었다(정동열 2014).

진나라에 이르러 분서갱유(焚書坑儒)가 발생하였고, 관부장서를 대량 훼손하였다. 그 후 한나라 때 헌책의 길을 널리 열어주고 도서를 대량으로 수집하였다. 현대적 개념에 가까운 도서관은 한(汉)대에 이루어졌다. 전한(前汉, BC 206~AD 8)에는 장서처가 더욱 늘어나 태상(太常), 태사(太史), 박사(博士)와 같은 관(官)을 설치하였으며, 성제(成帝) 때 유향(刘向)과 유흠(刘歆)의 부자가 성제(황제)의 명을 받아 기원전 5년에 작성한 칠략(七略)은 서적을 7분법에 의해 구분하는 것으로 동양에서 가장 오래된 목록으로 평가되고 있다.

또한 후한(后汉, 25~220)의 항제(恒帝)는 처음으로 비서감(秘书监)을 설치하여 전국의 장서처를 관장토록 하였는데 이 역시 가장 오래된 국가적 도서관으로서의 의미를 갖게 되었고, 후에 남북조(南北朝, 420~589)시대까지 발전하며 갑을병정(甲乙丙丁) 4분법의 분류체계가 탄생하게 된 배경이 되었다. 위진남북조(魏晋南北朝, 221~589)시대의 각 왕조는 비교적 장서를 중시하여 관장 총량이 증가 추세를 보였다.

수(隋, 581~618)나라 통일 이후 관장이 크게 증가하였고 황제 수문제(隋文帝)는 장서를 중시하여 진조(陈朝)장서를 정리·보완했을 뿐만 아니라 사본과 구서를 통해 관장을 증가시켰다.

당(唐, 618~907)나라 초기 장서량은 많지 않았으나, 황제의 서적수집활동이 여러 세대를 거치며 장서의 증가가 비교적 빨라졌고 현종(玄宗)시대의 장서는 8만여 권에 이르렀다. 당나라는 중국 도서 제작과 목판인쇄가 발명되었고 도서업무를 관장하는 부서도 늘어나 도서 및 도서관문화가 큰 도약을 이루게 되었다.

중문경무(重文轻武)의 송조(宋朝, 960~1279)에는 인쇄술이 더욱 발달함에 따라 대규모 장서들이 대거 증가했으며 개인의 장서목록도 많이 편찬되었다. 송나라의 관장은 소문관(昭文馆), 집현원(集贤院), 사관(史馆) 및 비각(秘阁)이라는 4개의 관(馆)이 형성되었다. 원(元, 1277~1367)나라의 통치자는 몽골인이었으나, 한족의 문화를 중시했기에 관장은 끊임없이 발전할 수 있었다.

명나라 설립 이후의 관리는 새로운 수준에 이르렀고 정부가 장서를 중시했던 것 외에 사회 전체 도서의 총량이 증가한 뒤 민간에서 발행하는 책을 수집하는 것도 중요한 방법이 되었다. 명(明, 1368~1644)에 이르러서는 한림원(翰林院)과 문연각(文渊阁)을 통하여 국가장서를 관리하고 전문적인 장서담당관리를 임명하여 도서문화의 발전을 이어갔다. 그러나 명선종(明宣宗)시대 이후 장서에 대한 중요도가 급격히 떨어졌다. 관장이 훼손되고 관리기관의 기능이 약화되어 국가장서기관이 폐지되었으며 명·청시대에는 관장 없이 내부장서(内府藏书)만 존재하게 되었다.

중국의 마지막 왕조가 된 청(清, 1644~1911)은 명나라의 문화를 계승하는 데 어려움을 겪었고, 한족에 대한 회유나 흡수정책 등의 강력한 문화정책을 펴기에 이르렀다.

중국 고대 관부장서 역사 중 관부장서의 촉진과 보존에 큰 영향을 미친 사건은 〈영락대전(永乐大典)〉과 〈사고전서(四库全书)〉를 편찬하는 것이었다. 명성조(明成祖)는 영락원년(永乐元年, 1403년)에 2,000명 학자들이 모여서 대형 유서[1)]〈영락대전〉을 편찬하며 1408년에 완성되었다. 〈영락대전〉은 대형 유서로서 고대부터 명나라 초기까지 약 8,000종의 주요 고전을 수록하고 있으며 총 228,777권이 있다. 그리고 범례와 목록 60권, 총 11,095권으로 나눠서 약 3억 7,000만 자를 제본하였다. 이는 중국 역사에서 가장 큰 규모의 대형 유서로서, 세계문화사에서 중요한 위치를 차지하고 있다.

청건륭(清乾隆)시기에는 대형 총서인 〈사고전서〉를 편찬하였으며, 〈사고전서〉는 총 3,461종, 79,409권에 이르러 36,300책으로 나누어졌다. 〈사고전서〉는 〈영락대전〉에서 대량의 유서를 집일(辑佚)[2)]하였다.

2) 개인장서(私人藏书)

중국 고대 개인장서의 역사는 춘추전국시대까지 거슬러 올라갈 수 있으며, 춘추시기에 각 나라의 인재(즉 '士')[3)]에 대한 수요가 증가함으로써 사학(私学)이 왕성해졌다. 진나라의 분서갱유(焚書坑儒) 때 대부분의 관부장서가 사라졌지만 개인장서는 민간에 있었기 때문에 많은 민간장서가 남겨졌다.

한나라에서 위진남북조까지 민간 개인장서가 계속 유지됐다. 특히 남북조시기 종이책의 등장으로 개인장서의 양적 발전이 비교적 빨랐으며, "다서지가(多书之家)"[4)]의 장서는 적게는 수천 권, 많게는 수만 권 이상이었다.

당나라에 도서 제작기술의 발전에 따라 개인장서가 왕성하게 나타났으며, 수만 권 장서를 소장하는 사람이 많아졌다.

송나라시기에는 개인장서를 보유하는 지역이 크게 넓어졌고 일부 변두리에서도 장서가(藏书家)가 등장했다. 송나라의 개인장서는 일반적으로 여러

---

1) 유서(類書) : 일종의 참고도서 유형으로, 중국 고대의 백과사전 성격의 서적에 대한 통칭이다. 여러 가지 책을 모아 사항(事項)에 따라 분류해서 검색(檢索)을 편리하도록 하는 책을 의미한다.

2) 집일(辑佚) : ① 집일하다 ② 실전되어 지금 전해지지 않는 옛 사람의 글이나 작품을 수집·수록하다 ③ 집일하여 만든 책이나 문장을 의미한다.

3) 인재 : 공경대부(公卿大夫)와 서민의 중간에 있는 계층을 뜻한다.

4) 다서지가(多书之家) : 책이 많은 집이다.

세대의 장서에 의해 축적된다. 장서가들이 장서뿐만 아니라 문헌의 교정 및 학술연구에 전념하여 저명한 학자들이 다수 출현하였다.

원나라를 거쳐 명나라에 와서는 개인장서가 새로운 번영에 이르렀다. 특히 장쑤성 민광(江浙闽广)에는 천일각(天一阁), 담생당(澹生堂)과 같이 유명한 개인 장서루(藏书楼)가 등장했는데 천일각의 장서는 7만여 권에 달했고, 담생당(澹生堂)은 10만여 권을 소장하였다. 청나라의 개인장서는 절정에 달하였고, 유명한 장서가는 500명에 육박하여 역대 저명한 장서가의 반을 차지하였다.

개인장서의 특징은 다음과 같다. 첫째, 일반적으로 개인장서는 일정한 계승성을 가지고 있어서 대대로 물려주었다. 많은 장서루는 여러 세대에 걸쳐서 비로소 장서명루가 되었다.

둘째, 장서는 종합적인 활동이다. 책의 방문 요청, 서장, 교정, 주석, 목록 작성 등의 내용을 포함하여 일정한 학술성을 갖추고 있었다. 어떤 장서루들은 문헌 교정뿐만 아니라 도서를 각인(刻印)하기도 한다.

셋째, 장서는 일종의 문화이다. 장서소의 설계(디자인), 미화(아름답게 가꾸는 것)와 명명(도서관이름)에서 장서인장까지 문화적 정취가 가득하다.

3) 사원장서(寺院藏书)

사원장서는 세 가지 장서활동의 총칭으로 불교, 도교 등과 같은 수많은 종교적 고전 및 관련 문학 작품을 제작했으며, 이런 종교 장서활동은 사원장서라고 한다.

불교는 외래종교로 동한(东汉) 및 서한(西汉)시기에 인도로부터 도입되었다. 동한시기부터 불교의 번역본이 등장하였으며, 불교의 장서활동은 사원을 중심으로 수행되었다. 진나라(晋朝) 초기부터 중국에는 많은 사원이 출현했으며 불교장서가 번창했다. 수와 당(隋唐)왕조 동안에 불교가 전성기에 들어섰으며, 분파가 형성되었다. 송나라가 안정되어감에 따라 5,048권의 한역 대장경(大藏经)이 간행됨으로써 불교 신도를 증가시켜 중앙집권적 통치에 유리한 조건을 마련하였다. 일반적으로 불교 고전의 통합은 불장(佛藏)이라고도 하며 대장경(大藏经)이라고도 불린다.

도교는 토속종교로 샤머니즘과 신선방술(神仙方术)[5]에서 진화해 왔으며 동한 후기에 형성되었다. 그 후에 도교장서가 풍부하게 생성되었다. 도교의 궁관은 도교장서에 있어 중요한 장소이다. 불교에 대응하는 도교장서의 총합을 도장(道藏)이라고도 하며 도장경(道藏经)이라고도 한다.

4) 서원장서(书院藏书)

서원(书院)은 고대 중국의 일종의 교육기관이다. 이는 당나라에서 유래되었고 송나라에서 번영했으며 명과 청나라시기에 더욱 발전하였다. 최초의 서원은 당현종(唐玄宗, 723년)이 장안(长安)과 낙양(洛阳)에서 개설한 조정서원(丽正书院)으로 724년에 집현서원(集贤书院)으로 개칭했다. 집현서원은 주로 문헌정리와 연구기관으로, 그 후에는 민간기관으로 변하여 학생들이 모여 강의와 지식을 배우는 장소가 되었다.

송나라의 민간서원은 수백 개가 있었다. '강서여산의 백록동서원(江西庐山的白鹿洞书院),' '호남장사의 악록서원(湖南长沙的岳麓书院),' '하남 등봉의 순양서원(河南登封的嵩阳书院)' 등의 유명한 민간서원이 있었으며, 서원은 강의, 연구 및 저술을 위한 장소로서 자연스럽게 도서를 모으고 서원장서를 구성했다. 서원의 산장(山长)[6]은 흔히 학문의 대가였으며 높은 수준의 학문에 도달해 있었기 때문에 서원에 각인된 도서들은 질적인 면을 중시하였다.

4 중국 근대도서관

장서루(藏书楼)는 고대 중국 관부, 개인 및 민간의 문헌은 소장하는 건물의 통일 명칭으로서 장서 주인과 학자들이 문헌연구, 수정 및 교감하는 장소이다. 고대 장서루는 관부 및 개인을 막론하고 대중에게 개방되지 않았을 뿐만 아니라 일부 개인 장서루는 장서의 안전을 위해 폐쇄성을 더욱 강화했다. 우희(吴晞)는 〈장서루에서 도서관까지(从藏书楼到图书馆)〉에서 "장서루

5) 신선방술(神仙方术) : 신선・도사의 기술・재간(의술・점성・점 따위)을 뜻한다.
6) 산장(山长) : 옛날, 서당의 훈장을 의미한다.

는 자연적으로 현대도서관으로 변화할 수 없다. 이 두 가지는 완전히 다른 것이다"라는 생각을 발표하며 "중국의 전통 장서루에는 근대도서관으로의 전환을 위한 기본적인 메커니즘이 결여되어 있고 사회에 대한 개방적인 요소가 부족하다"라고 주장하였다.

중국의 근대도서관은 '서학동점(西學東漸)'의 결과이다. 이 말은, 즉 서양도서관의 체제에 따라 건립된 새로운 시작을 상징한다. 근대도서관의 장서 중 일부는 전통 장서루에서 나왔지만 도서관관리 및 서비스기구는 서양도서관을 기반으로 적용되었다. 근대도서관이 중국에서 행한 의미 있는 일들은 기독교도서관의 도입이며, 1898년에 경사대학당(京师大学堂)의 창건, 1903년 고월장서루(古越藏书楼)의 설립 및 1903년부터 전국 각지의 공립대형도서관의 설립 등이다.

1) 기독교도서관

서양 기독교가 중국에 도입되면서 기독교(교회)도서관이 생겨났다. 중국에 설립된 최초의 기독교도서관은 명나라의 유명한 선교사인 니콜라스 트리고(Nicolas Trigault)에 의해 설립된 '교정도서관(教廷图书馆)'이다. 명나라와 청나라시대에 중국의 기독교도서관이 크게 번영했다. 또한 베이징의 '사당(四堂)'도서관, 상하이의 쉬자후이천주교장서루(徐家汇天主教堂藏书楼), 세인트존(St. John's)대학도서관(圣药翰大学图书馆), 우한의 문화공서림(武汉的文华公书林)이 설립되었다. 기독교도서관은 근대도서관의 중국 진출의 선구자이며 현대도서관으로 계몽하는 역할을 수행하였으며 현대도서관서비스 및 관리의 기초가 되었다.

2) 경사대학당장서루(京师大学堂藏书楼)

청나라 광서24년(1898년)에 경사대학당(京师大学堂)이 창건되었고 광서28년(1902년) 경사대학당장서루(京师大学堂藏书楼)가 설치되었다. 1903년 청나라 정부는 전국 고등교육강령(全国高等教育纲领)인 「대학당 규정 제정(奏定大学堂章程)」을 발표하여 전국 대학당의 장서기관을 도서관이라고 통칭하였다. 이것은 현대도서관 모델에 따라 운영되었으며 대학의 교육과 인재 양성을 지원했을 뿐만 아니라 전국의 대학도서관에 지도와 시범 역할을 하였다.

3) 고월장서루(古越藏书楼)

1903년 저장(浙江), 샤오싱(绍兴), 향신(绅), 서수란(徐树兰)[7]은 신식 도서관인 고월장서루(古越藏书楼)를 설립했다. 고월장서루는 전통명칭으로 사용하고 있지만 사실상 전체 지역주민에게 개방된 공공도서관이었다. 이 도서관의 '현대성'은 세 가지 측면에 표현되어 있다. 하나는 장서가 매우 광범위하여 경서자집(经史子集)[8]의 고전 외에 많은 시무, 실업 유형의 도서를 소장하고 있으며 외국문헌도 어느 정도 비중을 차지했다. 두 번째는 서비스와 관리가 서양도서관의 형식을 본받았다. 이용자는 사전에 등록해야 하며, 순서에 따라 도서관에서 문헌을 대출했다. 이는 누구나 평등하다는 것을 의미한다. 세 번째는 특수서비스를 제공했다. 이용자가 아침, 점심, 저녁을 주문할 수 있도록 도서관에서 식사를 제공했다. 고월장서루는 서수란(徐树兰)이 개인적으로 서양도서관의 모델에 따라 "고서(存古)를 보존하고, 새것을 창조한다"는 이념으로 대중에게 개방하는 공공도서관이었으며, 전국에 지대한 영향을 끼쳤다.

4) 각 성급도서관 및 경사도서관

1903년부터 장서루를 비롯해 전국 각지의 공립대형도서관 설립이 시작되었다. 신해혁명 이전까지 전국 각지의 성급공공도서관은 20개에 달했다. 호북도서관(湖北图书馆, 1904), 후난도서관(湖南图书馆, 1904), 흑룡강성도서관(黑龙江图书馆, 1908), 강남도서관(江南图书馆, 1908), 산둥도서관(山东图书馆, 1909), 산서도서관(山西图书馆, 1909), 운남도서관(云南图书馆,1909), 절

7) 서수란(徐树兰) : 서수란(1838~1902)은 청나라 산음(지금의 절강소흥)의 사람으로 소군중서학당(绍郡中西学堂)과 고월장서루를 설립하는 데 기부를 한 역사적인 인물이다.

8) 경서자집(经史子集) : 중국 고대 도서의 전통적 분류법으로, 경서(經書)·역사서(史書)·제자(諸子)·시문집(詩文集)을 가리킨다.

강성도서관(浙江省图书馆, 1909), 광시도서관(广西图书馆, 1910) 등의 공공도서관이 설립되었다. 그 중에서 난징의 강남도서관(현재 난징도서관)과 베이징의 경사도서관이 가장 유명하다.

1910년 청정부 학부에서 제정한 「경사서관 및 각 성급도서관 통행 규정(京师书馆及各省图书馆通行章程)」이 정식으로 공포되었다. 이는 중국 역사에서 최초의 도서관 법규로서 중국도서관사업의 발전을 위한 좋은 토대가 되었다.

경사도서관 건립은 중국 근대도서관사업 발전사에서 획기적인 의미를 갖는다. 1910년 9월에 건축을 시작하여, 1912년에 개방한 국가적 도서관은 성급도서관보다 시간이 뒤처졌지만 근대도서관체계에서 세 가지 중요한 도서관 유형, 즉 국가도서관, 공공도서관 및 대학도서관이 중국에서 기본적으로 건재하다는 것을 의미한다는 점에서 그의 영향과 가치는 매우 크다.

5 중국 현대도서관

1930년대에는 전국에 약 2,935개의 각종 도서관이 존재하였고, 1949년 중화인민공화국이 출범하면서 도서관사업의 기본방침을 "프롤레타리아의 정치나 생산에 기여하고, 노동자·농민·병사에 봉사하는 기관"으로 규정함으로써 그 성격이 크게 변질되었다.

비록 1957년 9월에 국무원이 「전국도서관조정방안(全国图书协调方案)」을 발표하고 북경과 상해를 중심으로 도서관위원회를 구성하여 전국적으로 도서관 문헌자원의 구축을 통일하였으나 1966년에 시작된 문화대혁명으로 중단되었다. 다행히도 1980년대에 개혁개방정책(改革开放政策)을 추구함으로써 도서관의 자원공유정책도 재추진하게 되었다. 이러한 중국의 도서관 발전과정을 〈중국도서관역사〉는 다음의 6단계로 집약하고 있다.

1) 1단계

1단계(1949~1956)는 새로운 중국도서관사업의 초기 개발시기이다. 중화인민공화국 건국 초기, 정부를 통합하여 기존의 해당 지역 도서관을 지속적으로 개발하였다. 국민당 정부의 도서관 유산을 모두 인수하고 개선했으며, 점진적으로 도서관을 신축하였다. 국가는 도서관사업의 발전에 관한 정책을 제정했고, 이에 따라 각 유형의 도서관은 비교적 빠르게 발전했다. 구 소련(苏联)의 도서관 건설에 대한 경험을 배우고 도입하여 도서관의 기초업무와 서비스를 전면적으로 전개하였다.

2) 2단계

2단계(1957~1965)는 새로운 중국도서관사업의 굴곡이 심했던 시기이다. 1957년 「전국도서조정방안(全国图书协调方案)」의 공포는 이 시기의 상징적인 사건으로서 중국도서관 문헌자원의 전체화 건설의 시초로 여겨졌다. 그러나 1958년 시작된 '대약진(大跃进)'과 '인민공사화운동(人民公社化运动)'은 중국 발전방향을 모색하는 데 나타난 심각한 실수로 이어졌다. 대약진의 실패로 도서관의 수가 급속도로 떨어지자 도서관관리, 도서관학연구와 교육에 영향을 주었다. 이는 도서관 자체의 발전법칙에 반해 도서관을 범정치화하였다. 1961년 이후 국가가 국민경제에 대해 '조정・정착・충실・향상'의 방침을 확정함에 따라 도서관사업은 점차 정비되고 회복되어 도서관의 업무는 다시 궤도에 올랐다.

3) 3단계

3단계(1966~1976)는 중국도서관사업이 '문화대혁명'으로 인해 심각하게 손상된 시기이다. '문화대혁명' 동안 대부분의 도서관은 장시간 폐쇄되었고 수많은 도서가 봉인되고 금지되었으며, 또한 도서관 수가 대폭 감소하였다. 더불어 현급 이상 공공도서관이 1965년에 573개에서 1970년에 323개까지 감소하였고, 대학도서관은 1965년에 434개에서 1971년에 328개까지 감소했다. 대부분의 노동조합도서관 및 학교도서관은 문을 닫았으며 많은 책과 정기간행물이 사라졌다.

4) 4단계

4단계(1977~1989)는 중국도서관이 개혁 개방 속에서 빠르게 발전하던 새로운 시기이다. 1976년 10월 이후 도서관업무는 신속하게 복원되고 개발되었다. 다양한 유형의 도서관이 급속히 발전하며 도서관 전체가 개선되어 새로운 기술이 도입되었다. 더불어 1979년 중국도서관학회가 설립되었다. 다음 해인 1980년 중앙서기처는 〈도서관사업 보고 요강〉을 채택하였고, 1980년대에는 기본 작업, 서비스 방법 및 서비스 품질 측면이 개선되었다. 대부분의 공공도서관은 작업규정, 재구성된 장서 및 카탈로그, 부분적인 개가제 열람장서를 별도로 제정하여 개관시간을 연장했다.

5) 5단계

5단계(1990~1999)는 중국도서관이 현대화로 변모한 시기이다. 1992년 중국에서는 총 14개의 대회가 열렸다. 중국은 계획경제에서 사회주의 시장경제로의 전환을 시작하였고 국가가 일련의 도서관사업관리의 방침정책을 내놓자, 도서관은 시장경제체제의 개혁 탐구에 적응하기 시작했다. 도서관 자동화와 네트워크화가 중요한 성과를 거두고, 디지털도서관 건설을 시작했다. 도서관서비스는 이용자 중심으로 전환되어 문화정보자원공유 프로젝트가 현대기술을 기반으로 큰 진전을 이루었다. 1996년 국제도서관협회연맹(IFLA)에서 주관하는 제62회 세계도서관대회(WLIC)가 베이징에서 열렸고 중국도서관사업의 발전은 세계의 관심을 끌었다.

6) 6단계

6단계(2000~2009)는 중국도서관사업이 크게 번영한 시기이다. 개혁 개방 20여 년의 분투를 거쳐 중국의 사회주의 시장경제체제가 수립되고 국민경제가 지속적으로 고속성장하며 국가가 과학교육흥국의 발전전략을 수립하여 문화교육사업의 발전이 크게 중시되었다. 문화교육사업의 중요한 구성부분인 도서관은 이 시기 동안 양적 성장이 아닌 질적인 비약을 했다. 도서관 사업 발전전략 계획과 법제화 건설이 중요한 진전을 이루었으며 도서관사업의 거시적 관리가 크게 강화되고 개선되었다. 문헌정보자원공유 구축이 진전되었으며, 공공도서관서비스시스템 건설에 큰 발전이 있었다.

내용 및 사진출처

사조화(谢灼华). (2011). 중국 도서 및 도서관 역사. 우한: 우한대학출판사.
정동열. (2014). 도서관경영론. 서울: 한국도서관협회.

CHAPTER

2

중국도서관 현황

중국도서관 현황

1 중국도서관 조직구조

한 나라의 도서관사업은 체계적이고 구조화된 사업이어야 한다. 이 구조에서 다양한 조직이 포함되고 각 하위 조직에는 고유의 사명, 특성, 기능, 수집 범위 및 서비스 대상이 있다. 모든 하위 조직은 도서관사업의 전체적인 내용을 반영한다.

1) 중국 공공도서관 조직구조

중국의 공공도서관 조직은 중국의 성, 시, 현, 향진 및 촌의 모든 행정 수준의 공공도서관으로 구성된다. 기본 기능은 하향식 계층구조이며, [그림 2-1]과 같다.

전체 하위 조직은 정부의 문화관리부서에 해당하는 행정부서에서 관리한다. 이 중 최고 행정부서는 문화부이며 공공도서관사업에 대한 전략계획 수립, 전반적인 홍보 및 공공도서관사업 평가를 담당한다. 다른 행정 수준에서는 해당 성정부 문화청, 시 및 현 문화 홍보국(文广局) 및 향진의 문화 방송국에서 관리한다. 국가도서관의 특별한 점은 '연구형 도서관'이지만 중국에서는 국가도서관이 문화부에 소속되는 것이다. 따라서 서비스 모델은 공공도서관과 비슷하고, 중국국가도서관은 공공도서관 조직으로 구분된다. 이 하위 조직에는 수직형으로 대응하는 업무로 연결되어 있다. 일반적으로 상위도서관은 하위 수준 도서관의 업무지도, 문헌지원 및 인력교육에 대한 책임이 있다.

그림 2-1 | 중국 공공도서관 조직구조

말단도서관의 건립은 항상 어려운 문제를 수반한다. 1단계 정부에 의한 도서관체제 확립에 따르면 향진도서관의 건설과 유지는 향진 정부에 의해 수행되어야 하지만 중국의 대부분의 지방 정부는 재정적·인적자원을 가지고 있지 않다. 2007년까지 중국 정부는 도서관 공동체를 "보편적이며 전 국민에게 유익하다"라는 공공도서관서비스 조직을 구축하는 방법을 적극적으로 모색하기 시작했다. 현재 공공도서관서비스시스템은 원카드 통차통환 모델(책이음서비스), 총분관 모델 및 장서유통 모델 등 방식으로 구현한다.

(1) 원카드 통차통환(通借通还) 모델(책이음서비스)

한 지역 내에 모든 공공도서관에서 원카드 통차통환(通借通还)서비스를 시행한다. 통차통환(通借通还) 모델은 이용자가 하나 이상의 공공도서관에서 서비스를 제공받고자 할 경우, 하나의 회원증으로 연합도서관에 한하여 도서대출서비스를 받을 수 있다. 지역주민은 공통적으로 통용되는 대출카드로 이 구역 내의 어느 시·현급도서관이든 향진·촌의 도서관(실)을 이용할 수 있다.

(2) 총분관 모델

총분관 모델은 동일한 주관기관과 건설주체가 후원 또는 관리하는 공공도서관군을 말한다. 그 중 한 도서관은 총관, 다른 도서관은 별관으로, 별관은 행정적으로 총관에 소속되어 업무를 수행한다. 총분관 간에 동일한 관리시스템과 관장시스템을 채택하여 통일된 업무관리와 평가를 시행하고 이용자에게는 통차통환을 실시한다. 보통 본관은 현(구)급도서관, 별관은 향진도서관, 촌은 총분관시스템의 말단으로서 이를 공유하는 관리시스템과 관헌시스템이 있다.

(3) 장서유통 모델(藏书大流通模式)

장서유통 모델은 한 지역의 고급도서관이 향진과 촌, 그리고 병영, 감옥 등지의 도서관(실)을 정기적 또는 부정기적으로 장서를 지원하거나 자동차도서관(이동도서관)을 이용해서 도시와 마을의 교통이 불편한 곳으로 장서를 지원하는 서비스이다. 지역의 중심도서관이 자관의 소장 자원을 장서유통의 방식으로 말단도서관을 지원하거나 이용자에게 직접 전달해 말단도서관 자원과 서비스의 부족한 점을 보완하는 방식이다. 중심도서관과 문헌유통서비스를 받는 말단도서관과 업무상의 관리관계가 존재하지 않으며, 유전된 자원은 소유권을 변경하지 않는다. 이러한 모델 중에서 공공도서관서비스체계를 가장 효과적으로 만들 수 있는 방식은 총분관 모델이다.

중국의 공공도서관시스템 중에는 소년아동도서관(어린이도서관)이 특별하다. 보통 소년아동도서관은 중국에 보편적으로 설치되어 있지 않으며 직할시(直辖市)이나 성(省)의 직할시와 지급시(地级市)라는 행정 계층에 설치되어 있다. 2017년까지 중국에 독립적으로 설치된 소년아동도서관은 122개관이다. 소년아동도서관이 설치되지 않은 지역은 보통 지역 공공도서관 안에 어린이를 위한 별도 공간을 두고 있다.

2) 중국 원교(院校)도서관 하위시스템

중국의 원교(院校)도서관[1)]은 중국의 모든 고등교육, 중등교육, 초등교육 등과 같은 교육기구에 설치된 도서관으로 구성되어 있다.

그림 2-2 | 원교도서관 하위 조직

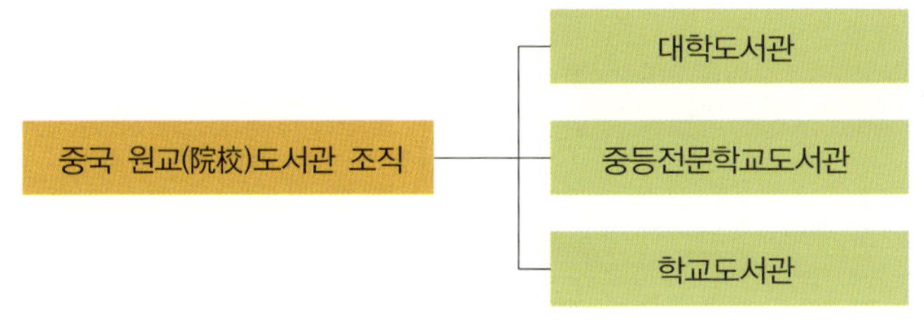

이 조직은 세 개의 하위 조직으로 분할되어 있으며, 이 세 개 하위 조직은 기본적으로 서로 독립적이며 업무상 연계되지 않는다. 일반적으로 대학도서관은 학교 자체의 소속과 같은 등급의 교육관리부서의 관리를 받고, 교육부 직속 대학도서관은 교육부 주관부서와 성 교육청 주관부서의 관리를 받으며, 성 산하 대학도서관은 성 교육청 주관부서의 관리를 받는다. 중등전문학교도서관도 학교 소속에 따라 같은 등급의 교육관리부서의 관리를 받는다. 또한 모든 도서관이 직접적으로 업무가 연계되지 않고 관 간의 협력을 통해 업무교류와 자원공유 등의 활동을 한다.

3) 과학기술도서관 하위 조직

이 조직은 과학기술연구기관 내에 설치된 도서관으로 구성되어 있다. 즉 중국과학원 조직 문헌정보센터, 중국사회과학원 조직 도서관, 중국농업과학원 조직 도서관, 중국의학과학원 조직 도서관, 중국지질과학원 조직 도서관, 중의학연구소도서관, 기타연구원도서관 등이다.

1) 원교(院校)도서관 : 학교도서관, 대학교서관, 전문대학도서관 및 중등전문학교도서관 등 공공교육기관의 도서관의 통칭이다.

그림 2-3 | 과학기술도서관 하위 조직

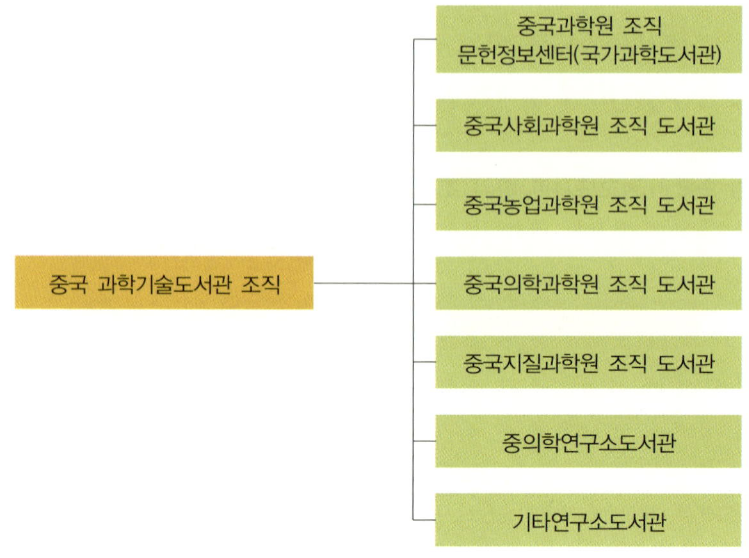

이 조직 내의 각각의 도서관은 고유의 조직체계를 가지고 있다. 중국과학원의 문헌정보센터는 전국의 모든 하위 기관인 문헌정보센터로 구성한다. 중국과학원 문헌정보센터는 총관이며 산하에 난주, 성도 및 무한 등 3개 2급법인 분관과 여러 개의 별관으로 구성되어 있다. 별관은 업무적으로 총관의 관리를 받지만 각 별관은 각각의 임무와 소장 범위, 장서 특색을 가진다. 중국사회과학원 조직의 도서관은 각 성마다 성급과학원이 있기 때문에 사회과학원 조직 내에 독립적인 내부 협력하는 서브 조직을 형성하고 있다. 자원공유, 업무교육 및 학술연구 등과 같은 업무관계가 있다. 기타 각 서브 조직의 경우도 대체로 동일하다.

4) 기타도서관 하위 조직

군사 조직 도서관 및 기업도서관과 같은 다른 유형의 도서관은 규모가 큰 도서관의 하위 조직이다. 군사 조직 도서관은 사관학교도서관, 군사과학원 도서관과 각 병종의 각급 도서관(실)을 포함한다. 군사 조직 내에서는 도서관이 각자의 특성과 소장 범위 및 서비스 대상에 따라 관련 도서관과 협의를 진행한다. 군사 조직의 도서관은 보통 대중에게 서비스를 제공하지 않으며, 다른 도서관 조직과의 협력에도 일부 제한을 받는다.

기업도서관은 소속 기관의 필요에 따라 설치 여부를 결정하며 기업노조 조합 등과 같은 조직이 관리한다. 최근 공공도서관서비스체계가 확대되면서 많은 지역 공공도서관이 기업도서관(실)과 협력하고 있으며, 기업도서관을 자체 서비스 장소로 활용하는 등 기업 임직원에 대한 서비스 강화에 나서고 있다.

2 중국도서관의 역할

1) 문화유산 보존 역할

도서관은 모든 인류의 문화재를 보존하는 기관으로 존재하며 이는 도서관의 가장 오래된 역할이다. 최근 컴퓨터 네트워킹의 실현과 과학기술의 급속한 발전으로 도서관은 인쇄물과 기록을 보존할 뿐만 아니라 다른 매체 형태로 자원을 보존한다. 보존의 목적은 더 나은 사용을 위한 것이다.

2) 정보자원 개발 역할

도서관의 정보자원 개발에는 다음과 같은 항목이 포함된다. 첫째, 도서관의 문서 접수, 등록, 분류, 목록 작성 및 처리를 통해 자료실에 할당된다. 둘째, 도서관 외부의 정보자원을 검색과 필터링을 통해 가상 컬렉션을 구축하여 다양하고 빠른 정보 채널을 형성한다. 셋째, 컴퓨터 네트워크 운영기술을 통해 컬렉션 문서를 디지털화한다.

3) 사회교육 역할

(1) 사상교육기능

도서관은 정보자원의 유통센터이며 정보자원 보급의 허브이다. 컬렉션의 구축은 나라나 민족마다 다른 원칙과 경향이 있다. 중국도서관의 이데올로

기 및 정치교육은 크게 네 가지의 목적으로 구분된다.

- 이용자의 올바른 세계관을 확립한다.
- 삶과 가치에 대한 전망을 세운다.
- 과학이론의 기초를 마련한다.
- 중국 특성을 지닌 사회주의를 건설하기 위한 정치적 방향을 수립하도록 인도한다.

(2) 사회주의 문명의 교육기능

도서관은 인간 문명의 유통센터로 사회주의의 두 문명(정신문명, 물질문명)의 형성에서 중요한 교육 역할을 하고 있다. 도서관의 장서는 정보서비스를 통해 이용자에게 제공하며, 장서의 선택, 처리 및 수집을 통해 유익한 영적 양식을 이용자에게 제공할 수 있다. 이와 함께 도서관은 전시, 포스터, 학습코너와 같은 다양한 활동을 통해 두 개의 영적 문명을 적극 촉진할 수 있다.

(3) 문화교양의 교육기능

도서관의 사회교육은 주로 이용자에게 자원, 장소, 장비, 학습 조건을 제공하는 데 있으며, 이용자는 장기적이고 자유로운 학습을 위해 도서관을 이용할 수 있다.

(4) 대중 문화생활의 교육기능

대중의 문화생활을 풍요롭게 하는 것도 교육적 기능의 필수적인 요소이며, 건강한 문화생활은 사회생활에 없어서는 안 될 부분이다. 도서관은 사회문화적 삶의 중심지 중 하나이며 대중의 문화생활을 활성화시키는 데 매우 중요한 역할을 한다.

3 중국도서관의 유형

1974년 국제표준화기구(International Organization for Standardization)의 ISO2784-1974(E)는 국제도서관 통계표준인 '도서관 분류'를 공포했다. 도서관의 유형은 국립도서관, 대학도서관, 기타 주요 비전문도서관, 학교도서관, 전문도서관, 그리고 공공도서관으로 분류된다.

표 2-1 | 중국도서관 유형(2016년 기준)

도서관 유형	개념	수
국가도서관	중국국가도서관은 정부가 설립한 도서관을 의미한다.	1
공공도서관	「중화인민공화국 공공도서관법」 제1장 제2조에 따르면 공공도서관은 대중에게 무료로 개방하고 문헌정보를 수집, 정리 및 보존, 사회교육 실행을 위한 조사, 차용 및 관련 서비스를 제공하는 공공문화시설이다.	3,153
대학도서관	대학도서관은 학술도서관과 같은 유형이다. 대학도서관은 대학의 교수 및 연구활동을 지원하는 주요 기능을 가진 대학 부속도서관이다.	896
학교도서관	학교도서관이란 대학교를 제외한 초·중등교육기관에 설치된 도서관으로 학교 내 학생의 정보 요구를 충족시키고 교직원의 교육 요구를 돕기 위해 고안된 도서관을 의미한다. 학교도서관의 자료는 대부분 모든 학년의 학생들에게 적합한 서적, 정기간행물 및 교육 매체를 포함하다. 학교도서관은 '학습자료센터,' '도서관 미디어센터' 또는 '학교도서관 미디어센터'라고도 한다.	201,400
전문도서관	전문도서관은 모 기관의 소속 구성원들을 대상으로 하여 특정 분야의 학문을 중점적으로 다룬다. 일반적으로 의학도서관, 법학도서관처럼 한 분야에 대한 심도 있는 자료수집을 중심으로 하기 때문에 타 도서관에 비해 다양한 자료 수집이 어렵다. 그러나 특정 분야에 대해서는 전문적이고 방대한 자료 수집량을 보이곤 한다.	-
소년아동도서관 (어린이도서관)	소년아동도서관은 어린이를 위한 학교 밖의 교육기관이다. 규모가 작은 것은 아동독서실이라고 한다. 어린이와 청소년에게 유용한 책을 소개하고 독서지도 등의 활동을 통해 지식 분야를 확장시킨다. 지식 욕구 충족과 지성의 창조적인 재능을 개발, 훌륭한 도덕적 자질을 형성함으로써 아동과 청소년이 독서 관심사와 습관을 개발할 수 있게 한다.	122

반면 중국에서 도서관 유형을 구분하는 데 일반적으로 사용되는 표준은 다음과 같다.

- **도서관관리 소속부서** : 문화 소속 도서관, 교육 소속 도서관, 과학연구 소속 도서관, 노동조합 소속 도서관, 공산청년동맹 소속 도서관, 군대 소속 도서관
- **문헌 수집의 범위** : 포괄적 도서관, 전문도서관
- **사용자 그룹** : 소년아동도서관, 점자도서관, 소수민족도서관
- **도서 매체** : 전통적인 도서관, 디지털도서관, 모바일도서관, 휴먼라이브러리 등

중국도서관의 주요 유형에는 국립도서관, 공공도서관, 학교도서관, 과학도서관, 전문도서관, 기술도서관, 말단도서관, 노동조합도서관, 병영도서관, 소년아동도서관, 점자도서관, 소수민족도서관 등이 있다. 도서관의 분류는 하나의 표준으로만 나눌 수 없고, 다양한 표준으로 사용해야 한다. 일반적으로 공공도서관, 과학도서관, 대학도서관은 중국 전체 도서관의 가장 핵심적인 도서관 유형이다.

일반적으로 도서관 유형은 모든 중국도서관 유형을 포함하지 않으며 중국도서관 사업 현황에 따라 영향력이 큰 일부 도서관 유형인 국가도서관, 공공도서관, 대학도서관 및 전문도서관에 대해 논의할 것이다.

1) 국가도서관

'국제도서관 통계기준'은 "법률이나 다른 기준에 따라 국내에서 출판된 모든 중요 출판물의 사본을 수집하고 보관하는 역할을 담당하면 그 명칭에 관계없이 국가도서관이다"라고 정의했다. ISO 2789(2013)에 명시된 국가도서관의 주요 역할은 자국의 모든 문헌의 사본을 수집·보존하고 국가 총서목록을 작성하는 것이다. 대부분의 국가도서관은 자국의 문헌을 보존하고 외국문헌을 수집하여 국가의 총서고의 역할을 담당하도록 정해졌다. 중국국가도서관의 경우 국가기관, 중요연구기관, 중요교육기관, 중요생산기관 등에게 서비스를 제공하는 연구용 도서관이라고 알려져 있지만 실제로 일반

이용자에게도 서비스를 제공하고 있다.

중국국가도서관은 중화인민공화국 성립 이후 줄곧 문화부에 직속되어 있다. 문화부는 국가도서관 중대방침, 정책, 발전계획 등을 직접 책임지고 있다. 도서관장은 도서관의 일상업무 및 행정업무를 관리한다.

2) 공공도서관

「중화인민공화국 공공도서관법」 제1장 제2조에 따르면 공공도서관은 대중에게 무료로 개방하고 문헌정보를 수집・정리, 보존하며, 사회교육을 실행하기 위한 조사, 차용 및 관련 서비스를 제공하는 공공문화시설이다. 중국 공공도서관 주관부는 각급 지방 정부의 문화청[2]이나 문화국이다. 또한 지역 공공도서관의 발전전략과 중대한 방침정책을 수립하고 도서관장을 초빙하여 도서관의 일상업무를 주관한다. 현재 중국에서 공공도서관의 조화와 지도를 전국적으로 담당하고 있는 것은 문화부의 공공문화사(公共文化司)이다. 전국 대중문화, 소수민족문화, 소년아동문화(어린이), 공공도서관 등의 사회문화사업의 발전 계획을 입안하고 조직하여 실시하는 연구를 담당하고 있다.

(1) 공공도서관의 역사

19세기 후반 중국의 개혁자들에 의해 설립된 도서관은 20세기 초, 공공도서관이 되어 출현했다.

- 1903년, Boone library(文华公书林)는 우창(武昌)에 의해 설립 및 개관했다.
- 1904년, 후난(湖南)도서관 및 후베이(湖北)성도서관이 설립되었다. 이어서 장쑤(江苏)성, 산둥(山东)성, 산시(陕西)성, 절강(浙江)성, 허베이(河北)성 등 기타 지방에서 공공도서관이 설치됐다.
- 1909년, 청 정부는 공공도서관의 설립과 발전을 도모하는 「경사도서관 및 성(省)급 지방도서관에 대한 실무자 규정」을 공포했다.

2) 문화청 : 각 성급 행정부를 의미하며, 문화부는 국가 단위의 행정부처를 의미한다.

- 1912년, 경사도서관이 대중에게 공개되었다.
- 1914년, 지역에 18개의 성(省)급 지방 공공도서관이 설립되었다. 같은 해에 중화인민공화국 건국 이후 전국 공공도서관시스템을 수립했다.
- 1987년 말까지 현(县) 수준 이상의 총 2,440개의 공공도서관이 설립되었고, 전국에는 약 2억7,000만 권의 도서를 소장했으며 연중 1억1,600만 명의 이용자를 지원했다.

(2) 공공도서관의 현황

중국의 공공도서관의 대부분은 성, 시, 현, 향을 기준으로 정부 투자에 의해 설립되었다. 2016년 중국은 국가도서관 1개, 39개의 성립도서관, 369개의 지급시도서관 및 2,744개의 현급시도서관이 있었다. 122개 소년아동도서관을 포함하여 전국에 3,153개의 공공도서관과 전국 장서 90,163만 권, 도서관 직원 57,208명으로 집계되었다. 2016년 전국에는 총 69,308개 강좌와 26,588개 전시회가 개최되었으며, 열람실 좌석 187,946만 개와 컴퓨터 23,726만 대가 있었다(2017년 중국 공공도서관 연간보고서).

3) 대학도서관

중국교육부의 '고등학교 문헌정보사업위원회(대학도서관위원회)'는 대학도서관을 학교의 문헌정보센터이며 교과 및 과학연구를 위한 학술적 기구관이라고 정의했으며, 「정규 대학도서관 규약」 제2조에 따르면 대학도서관은 학교의 문헌정보자원센터이며, 인재교육 및 과학연구를 위한 교육기관이다. 2016년 초, 교육부가 발행한 「정규 대학도서관 규약」은 학기 중 개관시간이 주당 90시간 이상이어야 하며, 방학기간 개관시간도 필요하다고 명시했다. 반면, 중국의 실제 요구 사항은 개관시간과 온라인서비스 모두 24시간 이용이 가능하기를 희망하고 있다. 「정규 대학도서관 규약」 제4조에 따르면 대학도서관의 주요 역할은 다음과 같다.

첫째, 교육, 과학연구, 학과를 위한 정보를 제공하기 위해 정보자원시스템을 구축한다. 둘째, 교수와 학생들이 모든 종류의 정보를 편리하게 얻을 수 있도록 학교 전체의 문헌정보서비스시스템을 구축하고 개선한다. 셋째, 지속적으로 서비스를 확장·심화시켜 학교 인재교육, 정보화와 학교문화 건설에 적극적으로 참여한다. 넷째, 다양한 자원의 구축과 공유에 적극적으로 참여하고 정보자원과 전문서비스의 장점을 발휘하여 사회봉사를 한다.

중국은 일반적으로 부총장이 교수학습지원 업무를 담당한다. 부총장은 각 학부의 대표를 초빙하여 도서관사업위원회를 구성하며, 도서관사업위원회는 도서관의 장기적인 계획 수립, 예산 한도 결정 등을 담당한다. 도서관의 운영을 담당하는 것은 도서관장과 그 지도부이다. 관장은 주로 도서관 운영에서의 업무 의사결정을 책임지고, 전관 업무 계획을 수립하고 도서관 예산을 책정하며, 관원 채용에 관여한다. 교육부는 전국적으로 대학교 도서관리를 담당하고 있으며 조정업무를 하고 있다.

'문화대혁명' 이후 교육부는 「중화인민공화국 고등학교 도서관 근무조례」와 「보통고등학교 도서관 규정」 등 몇 가지 조례를 제정하여 대학도서관업무를 지도했다. 이 밖에도 교육부는 도서관업무를 지도할 고교 도서정보업무지도위원회를 구성했다. 「교육부 고등학교 문헌정보사업지도위원회 규정」에 따르면 이 위원회는 교육부 산하 기관으로, 전국 대학도서관사업에 대한 상담, 연구, 조율 및 업무지도를 하는 전문가 조직이다. 주로 대학도서관사업의 발전 상황을 조사연구, 업무상담 제공, 자원공유 촉진, 대학도서관시스템의 인재양성, 도서관업무 평가 배치 등을 조직한다.

(1) 대학도서관의 역사

- 19세기 말과 20세기 초반에는 1894년에 설립된 성요한대학교, 1895년에 설립된 천진서계학교, 1897년에 설립된 난양대학교 사범대학, 1898년 베이징에서 설립된 징사대학교(북경대학교 전신) 홀과 같은 현대 대학도서관이 중국에 등장하기 시작했다.
- 1987년 6월, 중국에 정규 대학도서관은 1,053개가 있었고 자료실(정보실)은 5,000개가 넘었으며 총 문헌 수는 3억 권(대만 지역은 포함되지 않음)이었다.
- 1986년 말, 전국에 105개의 병영도서관(군사대학도서관)이 있고 1,900만 권의 도서와 1,679명의 직원이 있었으며, 건물면적은 288,975m^{2}이

었다. 그 중 국방대학도서관, 국방과학기술대학도서관 및 공군정치대학도서관 등의 장서는 풍부한 편에 속했다.

- 1989년, 교육의 회복과 발전으로 중국에 일반 대학도서관이 1,075개, 3억2,800만 권의 도서와 46,400명의 직원이 있었으며, 건물면적은 411만m^2에 달했다.

(2) 대학도서관의 현황

2016년 통계기준, 총 896개의 대학도서관이 교육부 대학도서관 데이터베이스에 등록되어 있다. 대학도서관의 총 건축면적은 약 1,976만m^2이다. 872개 대학도서관의 유효 재적 직원은 33,246명이었고, 디지털자원으로 컴퓨터는 총 168,400대를 보유하였다.

4) 전문도서관

전문도서관이란 명확한 전문적 속성을 가지고 전문화된 이용자들을 대상으로 학과 혹은 실천 분야의 정보와 서비스를 제공하는 도서관이다. 의학도서관, 법률도서관, 기업도서관 등이 전문도서관에 해당하며 그들은 보통 연구기관과 같이 특정한 모기관이나 지원 조직에 소속되어 있다.

전문도서관은 이용자들이 특정 분야의 지식을 정확하게 파악할 수 있도록 정보를 수집, 정리 및 저장하여 특정 주제에 대한 정보를 신속하게 제공할 수 있는 학술서비스기관이다. 중국의 전문도서관은 소속기구의 특성과 서비스 대상에 따라 과학원도서관, 정부기구도서관, 병원도서관, 전문학교도서관, 공장 및 광산기업의 과학기술도서관, 전문정보기구, 정보상담회사로 구분할 수 있다.

(1) 전문도서관의 역사

- 19세기 중반, 중국은 교회도서관(예 : 상하이 쉬자후이천주교장서루)을 설립하기 시작했다.
- 20세기에는 기관(机关)도서관(교육부도서관), 서클도서관(상하이 상공회도서관), 연구기구도서관(중앙연구원과 관련 연구소도서관, 상하이

자연과학연구소도서관) 등이 설립되었다.

- 1949년 이후에는 전문도서관이 가장 빠르게 발전하는 도서관 유형이었으며 장서량이 많고 광범위한 전문적 장서가 있었다.
- 1983년의 통계에 따르면 4,000개 이상의 연구기관도서관이 있었다.
- 1987년 말 기준으로 전국에 4,500개의 전문도서관이 있었다.

(2) 전문도서관 현황

1980년대 들어서부터 도서관 정보기능이 강화됨에 따라 일부 도서관은 '문헌정보센터'로 이름을 바꾸었다. 과학기술의 발전과 함께 이와 같은 도서관의 발전은 비교적 빨라서 일부 도서관은 이미 그 전문 계통 내에서 전국적인 규모를 갖춘 전문도서관망을 형성하였다.

연구기관도서관은 다시 일반 과학연구시스템 도서관과 국방과학연구시스템 도서관으로 구분된다. 일부 도서관은 전국 전문도서관 네트워크를 형성했다. 대표적으로 중국과학원, 중국농업과학원, 중국의학과학원, 중의연구소 등과 같은 연구기관의 도서관(문헌정보센터) 등은 네트워크를 형성했다. 그 중 중국과학도서관 분관의 수는 1949년 17개에서 1990년 말 143개 분관으로 증가했다.

5) 기타도서관

(1) 노동조합도서관

중국의 노동조합도서관에는 전국 노조조합도서관, 공장 및 광산기업의 노동조합도서관이 포함된다. 중화인민공화국 창립 초기에는 전국에 44개의 노동조합도서관이 있었지만 1963년, 43,546개의 도서관으로 증가했으며, 1988년 말까지 전국에 있는 노동조합도서관은 246,901개에 달했고 54,341만 권의 도서와 총 92,875명의 상근 직원이 있었다.

(2) 병영도서관

병영도서관은 중국인민해방군 간부와 군인을 위한 문화서비스 시설을 제공하며, 군관구, 집단군, 사단, 연단, 중대에 있다. 통계에 따르면 1987년 말까지 전체 병영도서관은 32,264개에 이르렀으며 1,864만여 권의 장서를 보유했다. 연대급 도서관은 2,997개이며 평균 3,000권, 중대급 병영도서관은 29,267개로 평균 350권의 장서를 소장했다. 2009년 12월 기준 중국 첫 번째 전국 사관학교도서관회의를 할 때 전국 사관학교도서관은 총 90개가 있으며 건축면적 총 570,000m², 열람석 6만 개가 있다.

(3) 소수민족도서관

소수민족도서관은 중국 대륙에 427개가 있는데 그 중 전국적인 성격을 띤 중국민족도서관 외에도 신강, 녕하, 내몽골, 광서, 티베트 등 5개 소수민족 자치구에 각각 자치구도서관을 설립하였다.

전국적으로 지구(地区)・시급(市级) 소수민족도서관은 49개, 현급(县级) 도서관은 355개이고, 소수민족 계통 대학・과학연구・신문・출판・소년아

표 2-2 | 중국의 기타도서관 유형

도서관 유형	개념
노동조합도서관	중국의 노동조합도서관에는 전국 노조조합도서관, 공장 및 광산기업의 노동조합도서관이 포함된다.
작은도서관	작은도서관은 중국의 공공도서관에 대한 독창적인 개념으로 전문문헌에 자주 등장하지만 아직까지 합의된 정의가 없다.
소수민족도서관	소수민족도서관은 중국의 소수민족을 위한 전문도서관이다. 중국의 소수민족 문헌 수집과 연구와 전시의 중심지이며 중앙 국가기관의 민족업무와 민족문화 연구기관서비스를 제공하는 중요한 역할과 임무를 수행한다. 이는 대중에게 공개되는 공공복지도서관에 해당한다.
특색도서관	특색도서관은 특정 주제(분야)의 문헌정보를 체계적으로 수집하는 공공도서관이다. 특색도서관은 특정 주제 장서, 특정 서비스 또는 특정 독자 그룹으로 전체 서비스업무를 구축하는 도서관이다.
점자도서관	점자도서관(열람실)은 무장애 정보서비스의 중요한 부분으로 전체 사회의 공공문화서비스시스템에 속한다. 시각장애인 이용자가 시각장애인용 도서관 장비, 특수교육 장비를 통해 평등하고 자유롭게 도서관에서 필요한 정보를 얻을 수 있다.
병영도서관	병영도서관은 군인에게 서비스를 제공하는 도서관이다. 이는 최고 지휘기관과 군대의 다양한 병과의 도서관부터 중대도서관(열람실)까지 다단계시스템이다. 그 외에도 군사기관도서관, 군사과학연구도서관, 군사대학도서관, 군대병원도서관(열람실), 중대도서관 등을 포함한다.

동도서관이 38개관이다. 374개 소수민족도서관에 대한 통계에 의하면 총 건축면적이 460,000m^2로서 도서관당 평균 1,300m^2이다. 대부분의 소수민족도서관의 건축면적은 1,000~2,000m^2이며, 2,000m^2 이상의 도서관이 48개이고, 2,000m^2 이하의 도서관이 307개이며, 17개의 도서관은 100m^2 이하이다. 2002년 말을 기준으로 전국에 설치된 소수민족도서관은 567개가 있다(오위자 2001).

내용 및 사진출처

공공도서관 바이두백과. (2018.12.21.).
https://baike.baidu.com/item/%E5%85%AC%E5%85%B1%E5%9B%BE%E4%B9%A6%E9%A6%86

대학도서관 바이두백과. (2018.12.21.).
https://baike.baidu.com/item/%E9%AB%98%E7%AD%89%E5%AD%A6%E6%A0%A1%E5%9B%BE%E4%B9%A6%E9%A6%86/3030333

사조화(谢灼华). (2011). 중국 도서 및 도서관 역사. 우한: 우한대학출판사.

오위자(吴慰慈) 등. (2001). 중국의 도서관과 도서관 사업. 서울: 한국도서관협회.

정규 대학도서관 규약 바이두백과. (2018.12.21.).
ttps://baike.baidu.com/item/%E6%99%AE%E9%80%9A%E9%AB%98%E7%AD%89%E5%AD%A6%E6%A0%A1%E5%9B%BE%E4%B9%A6%E9%A6%86%E8%A7%84%E7%A8%8B/12625136

중화인민공화국 도서관사업 바이두백과. (2018.12.21.).
https://baike.baidu.com/item/%E4%B8%AD%E5%8D%8E%E4%BA%BA%E6%B0%91%E5%85%B1%E5%92%8C%E5%9B%BD%E5%9B%BE%E4%B9%A6%E9%A6%86%E4%BA%8B%E4%B8%9A

2016년 대학도서관 발전개요. (2018.12.21.).
http://www.scal.edu.cn/tjpg/201801181057

CHAPTER 3

중국의 10대 도서관

중국의 10대 도서관

중국도서관은 도서관의 역사, 장서량 및 건축면적의 세 가지 측면에서 평가한다. 이를 기반으로 선발된 10대 도서관은 중국국가도서관(국가도서관), 상하이도서관, 난징도서관, 중국과학원 문헌정보센터(전문도서관), 베이징대학도서관(대학도서관), 충칭도서관, 산둥성도서관, 쓰촨성도서관, 텐진시도서관 및 광둥성립중산도서관이다. 그 중에 국가도서관을 포함한 공공도서관은 8개 관이다.

1. 중국국가 도서관

- 주소 : 북경 중관촌 사우스 스트리트 33번지
- 전화 : +86 10 8854 5426
- 팩스 : 010-68419270
- 홈페이지 : http://www.nlc.cn

1) 도서관 개요

중국국가도서관(中国国家图书馆)은 중화인민공화국 베이징시에 있는 국립도서관이다. 아시아에서 가장 큰 도서관 중 하나로 장서는 2017년 12월 기준 약 3,760만여 점에 달하며, 그 중에 200만 권이 넘는 희귀본이 있다. 1988년에 세워진 신축도서관은 베이징도서관의 서쪽 교외 쯔주위안공원(紫竹院) 북쪽에 위치하고 있다. 중국국가도서관은 남관(South Hall), 북관(North Hall), 고전관(South Museum)으로 나뉜다. 2008년 중국국가도서관의 건축면적은 28만m^{2}로 아시아에서 가장 큰 도서관이었으며, 세계 국립도서관 순위에서 3위를 차지했다.

그림 3-1 | 중국국가도서관 정문

2) 연혁

- 1909년 9월 9일, 선통(宣統)황제는 경사도서관(京師圖書館)의 설립을 계획했다. 관사(館)는 베이징 광화사(廣化寺)에 위치했다.
- 신해혁명(辛亥革命) 후, 베이징 정부의 교육부가 경사도서관을 받아들이고 1912년 8월 27일에 개관하여 이용자에게 서비스를 제공하기 시작했다.
- 1916년, 경사도서관이 국내 출판물에 대한 납본제도를 정식으로 실시했다. 이는 국가도서의 부분 직능을 실행하기 위해 시작하는 것을 의미한다.
- 1917년, 관사를 방가골목(方家胡同)으로 옮겼다.
- 1928년 7월, 국립북평도서관(國立北平圖書館)으로 개칭하고 관사는 중남해거인당(中南海居仁堂)으로 옮겼다.
- 1929년 8월, 북평북해도서관(北平北海圖書館)과 합병했다.
- 1931년, 문진가에 신관을 건축하여 현재의 중국국가도서관 분관인 고서관이 설립되었는데 이 건물은 당시 중국에서 가장 규모가 크고 선진적인 도서관이었다.
- 중화인민공화국 성립 후 1950년 3월 6일, 국립북평도서관은 국립베이징도서관으로 개칭했다.
- 1951년 6월 12일, 명칭을 베이징도서관으로 다시 변경했다.
- 중국건설사업의 발전과 국민들의 문화적 욕구가 높아짐에 따라 도서관 장서가 확장되면서 문진가 관사는 여러 차례 확장했다. 그러나 늘어나는 장서로 인해 서고가 부족해지고 이용자서비스가 어려워졌다. 그에 따라 1987년, 현재의 위치에 새 도서관을 건립하고 지금까지 본관으로 사용되고 있다.
- 1998년 12월 12일, 국무원의 비준을 거쳐 베이징도서관을 국가도서관으로 개칭하고 대외적으로는 중국국가도서관이란 명칭을 사용하고 있다(2018년 중국국가도서관 홈페이지).

3) 시설

(1) 중국국가도서관 본관

중국국가도서관 남쪽 구역의 건물은 주요 건물과 그룹 건물, 예비 건물 토지로 나뉘며 면적은 74,200m^2, 건물면적은 142,000m^{2}이다. 본관은 지상 19층과 지하 3층으로 된 더블 타워 건물이며, 모두 서고로 사용된다. 건축 스타일은 중국 한나라 문벌의 스타일을 표방했으며, 전체는 파란색을 기반으로 하여 물을 쓰고 불을 조심하라는 뜻을 지닌다.

그림 3-2 | 중국국가도서관 본관(남관)

그림 3-3 | 중국국가도서관 신관(북관)

그룹 건물은 본관 양쪽에 위치하고 있으며 정원이 있는 두 개의 큰 파티오 스타일(실내+실외가 혼합된 공간)을 형성한다. 그룹 빌딩 지상 5층과 지하 1층에는 30개 이상의 열람실과 개가제 서고가 있다. 또한 컨벤션 홀, 패스트푸드 식당 및 다목적 홀과 같은 보조 시설이 있어 동시에 8,000명이 넘는 이용자를 수용할 수 있다.

(2) 중국국가도서관 신관

중국국가도서관 신관은 2008년 9월에 개관했다. 아울러 확장 이후 중국국가도서관의 총 면적은 250,000m^{2}에 이른다.

중국국가도서관과 국가디지털도서관은 2003년부터 2007년까지 구축되었다. 국가디지털도서관은 독일의 건축설계사무소 케이에스피 유르겐 엥겔 아키텍텐(KSP Jürgen Engel Architekten) 중국지사가 건축하였고, 면적은 80,000m^{2}이다.

도서관 신관은 지하 3층과 지상 5층으로 나뉜다. 내부에는 열람실이 없고 모두 개방된 열람 공간이며, 좌석은 2,700석 이상이다.

건물 외관은 커다란 책처럼 보인다. 중국국가도서관의 4개 특별소장품 중 하나인 〈사고전서(四库全书)〉는 아트리움 1층의 일정한 온도 및 습도가 유지되는 독립된 장소에 배치되며, 이용자는 유리를 통해 고대 서적을 열람할 수 있도록 하였는데, 이는 신관의 특색이다.

현재 중국국가도서관에는 총 3,000명의 이용자를 수용할 수 있는 48개의 열람실이 있다. 서양서적 및 정기간행물 이외에도 예술 디자인 열람실, 대만, 홍콩 및 마카오 도서 열람실, 문학 검색 열람실, 고서 선본 열람실, 전산 열람실, 마이크로문헌 열람실과 같은 다양한 서비스 목표를 가진 열람실이 있다.

그림 3-4 | 중국국가도서관 신관 4층에서 내려본 모습

(3) 중국국가도서관 고서관

중국국가도서관 고서관은 고대 도서 수집을 전문으로 하는 중국국가도서관의 지부이다.

고서관의 건축면적은 30,000m^{2}이며, 문진루(文津楼)와 림경루(临琼楼)는 이용자가 주로 이용하는 장소이다. 베이징의 자금성과 흡사한 문진루는 2006년, 'Beiping Library Site'라는 이름으로 6번째 국가 중요 문화유물 보호 구역으로 지정되었다.

표 3-1 | 고서관의 문물

유물
화표 한 쌍
돌사자 두 쌍
교유기사(教谕骑射)비
어제문원각기(御制文源阁记)비
쿤룬스톤(昆仑石)
석상(石像) 한 쌍, 월선학(钥仙鹤) 한 쌍
반룡석단폐(蟠龙石丹陛) 한 개
태호석(太湖石) 다섯 조각
기석(奇石) 네 개

(4) 중국국가도서관 소년아동도서관

중국국가도서관 소년아동도서관은 중국국가도서관 북쪽 구역의 동쪽에 위치하고 있으며 어린이와 청소년들을 대상으로 서비스한다. 2010년 5월 31일, 중국국가도서관 소년아동도서관이 개관하였다. 도서관은 중문 도서 구역, 문헌 열람 구역, 주제활동 구역, 전시 공간, 디지털 공간으로 구성되어 있다. 약 650m^2이고 120개 이상 좌석 및 2만여 권이 넘는 아동문헌이 있다.

(5) 국립고전박물관

국립고전박물관은 중국국가도서관의 남쪽 구역에 위치해 있으며, 중국국가도서관의 고적을 전시한 박물관으로 중국 최초의 박물관이다. 국립고전박물관은 중국국가도서관의 수집에 의존하여 "중국 고전을 보여주고 중국문화를 홍보하는 것"이 목적이다.

2012년 7월 중앙 조직위원회(Office of the Centre Committee)는 국립고전박물관의 공식 설립을 승인했고 2014년 7월 15일부터 시범 운영을 시작했다. 이와 동시에 시행된 첫 번째 전시회인 'National Library Collection Boutique Exhibition'은 중국국가도서관에서 수집한 고서전을 개최했다. 전시에는 갑골, 금석탁본(金石拓片), 돈황유서(敦煌遗书), Leitu 스타일[1]) 설계도기록(样式雷图档), 지도, 희귀서적, 중국 소수민족 고서, 서양식 희귀서적, 유명한 작가의 원고 및 고대 중국 고전의 간략한 역사가 포함된다.

그림 3-5 | 국립고전박물관

4) 장서

중국국가도서관의 자료는 도서 및 정기간행물, 역사적 문서, 학술논문, 시청각자료, 디지털 출판물 등이며, 다양한 도서의 중국국가도서관 컬렉션 등이 2005년 말 기준 2,500만여 점에 달했다. 2017년 12월 기준으로 문서 수는 3,760만여 점으로 추정된다(중국국가도서관 홈페이지).

중국국가도서관 소장품에는 고대 도서, 갑골문헌, 중국 고대 지도, 유명인 원고, 중국 소수문헌 등의 독창적인 서적이 있는데, 그 중에는 대표적으로 〈돈황유서(敦煌遗书)〉와 〈조성금장(趙城金藏)〉, 〈영락대전(永乐大典)〉과 〈문진각 사고전서(文津阁四库全书)〉가 가장 많은 인기를 누리고 있다. 또한 희귀도서와 고대 서적이 있으며 통계에 따르면 원래 청나라 〈천록림랑(天禄琳琅)〉 239부 2,868권을 포함하여 27만 권의 희귀본이 있다.

중국국가도서관의 장서 특징은 첫째, 원고를 적극적으로 수집하는 것이다. 중국국가도서관은 1954년부터 저명한 작가와 학자들에 의해 수기로 된 원고를 수집했으며, 그 중 중국 작가는 주로 장타이옌(章太炎), 왕궈웨이(王国维), 루쉰(鲁迅)을 포함하여 중국 이외의 작가 안나 루이스 스트롱(Anna

1) Leitu 스타일 : 청나라 200여 년 동안 왕실건축 설계를 맡았던 뇌(雷)성 세가(명문)에 대한 칭호다. 중국 청대 궁중건축 장인 가문이다.

Louise Strong) 등의 원고를 소장한다. 둘째, 금석갑골을 소장하고 있다는 것이다. 갑골은 중국 역사상 최초로 기록된 자료이며 중국국가도서관은 많은 수의 갑골을 보유하고 있다. 총 수는 35,651점이며, 기존 갑골 총 수의 1/4을 차지한다. 또한 특별수집품인 총 260,000개 이상의 금괴 조각이 있다. 셋째, 〈영락대전〉은 명나라가 편집한 백과사전인데, 이를 소장하고 있다는 것이다. 전쟁의 여파로 인해 완전한 버전은 아니지만 총 221권을 보유하고 있다. 넷째, 〈문진각 사고전서〉를 소장하고 있다. 〈문진각 사고전서〉는 청나라 황룡시대에 집필·통합된 대형 총서이다. 현재 4부가 존재하는데 1부는 중국국가도서관이 소장하며 나머지 3부는 고궁박물관 난중간쑤성립도서관 및 항주절강도서관에 있다. 이 사고전서는 중국국가도서관의 네 가지 특별소장품 중 하나이다.

그림 3-6 | 영락대전(永乐大典)

표 3-2 | 실제 장서(2017년 기준)

유형	문종	문헌	수
도서	중문	일반도서	5,413,505권
		일반고서(새로운 선장본 포함)	1,648,206권
		대만도서 및 해외출판도서	200,068권
	외문	서양도서(영문, 프랑스문, 독일문 및 기타)	1,895,277권
		러시아문(슬라보어군 일부분 포함)	622,147권
		일본문 및 동양문(일본 및 기타 동양어군)	1,041,785권

유형	문종	문헌	수
정기간행물	중문	중문 정기간행물	51,463종, 6,701,841권
	외문	외문 정기간행물	47,207종, 6,631,305권
신문	중문	중문신문	7,624종, 119,097권
	외문	외문신문	1,708종, 93,206권
특화자체구축		고적선본	282,300권
		신선본	14,918권
		외문선본	35,638권
		중문지도	96,861권
		외문지도	49,306권
		사진	99,646권
		그림	64,581권
		금석탁본편	304,265권
		금석서적	10,080권
		금석그림책	644권
		원고	86,178권
		서찰	2,930권
		소수민족문헌	159,781권
		양장본	7,463권
		기타특장	299권
		도서관학자료	41,575권
		돈황, 투루판자료	21,255권
		가보, 지방지자료	53,949권
		기타국내자료	1,006,990권
		외국 정부 출판물	56,985권
		유엔자료	560,897점
마이크로		마이크로필름	100,750점
		마이크로피시	1,308,207점
시청자료		녹음테이프	19,708점
		콤팩트디스크 CD	40,224점
		장스테레오 음반	967점
		MP3	2,860점
		비디오	14,608점
		LD식판	1,880점
		VCD식반판	85,829점
		VHD식판	260점
		DVD식판	38,037점

표 3-3 | 중국국가도서관 주요 디지털자원 장서(2017년 기준)

유형	문헌 세분	수
도서	전자책	3,787,588종
정기간행물	전자저널	55,882종
신문	전자신문	3,164종
특화장서	디지털 지방지	6,944종
	석각탁본	23,995종
	갑골실물	6,575종
	갑골탁본	9,775종
	선본사진	7,264종
	선본	21,184종
	돈황 사권(유서)	4,875두루마리
	친필 원고 편지	274종
	가보	2,626종
	학위논문	7,064,178편
	회의	6,573,228편
	기타	39,291종
시청각자료	오디오자료	1,137,907곡
	비디오자료	161,276시간
디지털자원 저장량		1603.87TB
외부 구입 데이터베이스 수량		255개

5) 조직

중국국가도서관의 직원은 총 1,529명이다. 학력을 살펴보면 86명이 박사학위를 소지하고 있으며, 석사학위 674명, 학사학위 559명, 전문대학 이하(전문대학을 포함함) 210명이다. 그 중 고급전문기술직원은 65명이고 부고급전문기술직원은 398명, 중급전문기술직원은 717명, 초급전문기술직원은 235명이다(2017년 중국국가도서관 연간보고서).

그림 3-7 | 중국도서관 조직도

6) 서비스

(1) 사회교육

2016년의 중국국가도서관은 강좌 542회, 전시회 18회, 교육훈련 2,006회를 개최하였다(2017년 중국국가도서관 연간보고서).

표 3-4 | 2016년 중국국가도서관 활동

구분	활동 횟수
강좌	542
전시회	18
교육	2,006
기타활동	–
계	2,566

(2) 고전관 특화서비스

중국국가도서관 서비스센터의 이용자는 주로 중국시민이며 열람증을 소지한 외국인이용자들도 이용이 가능하다. 선임 전문직 인력은 단위 증명서를 통해 열람의뢰서를 신청할 수 있다.

표 3-5 | 중국국가도서관 고전관 특화서비스

구분	일반고서 열람실	임경루
서비스 내용	• 명나라, 청나라부터 중화민국까지의 희귀본을 제공한다. • 중화인민공화국 창립 후 새로운 인쇄된 서적, 지방지, 가보 및 선본 마이크로필름을 제공한다.	1949년 이후 출판된 지방지, 가보, 문학 및 역사자료, 오래된 지방지 및 가보의 영인본(복사본)을 제공한다.

7) 프로그램

(1) 중국국가도서관 강좌

중국국가도서관의 학술문화 강좌는 중국국가도서관의 서비스 브랜드 중 하나이다. 중국의 고전문화 보존, 중국문화 발전과 사람들의 삶을 전수하고 지속적인 교육과 사회교육의 기능을 전수하는 것은 중국국가도서관의 중요한 역할이다. 1950년대 초 문진가(Wenjin Street No. 7)에서 학자들을 초청하여 공개 강좌가 열리면서 많은 학생들이 학술연구의 길로 들어서게 되었다. 오늘날 세계정보화시대에 중국국가의 고대문명은 현대문명의 원천으로서 점점 더 많은 주목을 받고 있으며 현대문명의 발전을 위한 원동력을 찾기 위해 더 많은 사람들을 끌어들이고 있다.

표 3-6 | 특화 공익 강좌

강좌 주제	내용
예술가 포럼	2007년 1월부터 시작한 '예술가 포럼'은 중국과 외국 예술에 대한 예술이론, 예술 발전의 역사, 예술적 특성, 예술가의 성장, 모든 사람들이 관심을 갖는 예술적 이슈, 대중과 예술가 간의 소통의 기반을 구축하고 예술의 본질을 더 이해하는 데 초점을 맞춘다. 예술의 매력을 느끼고 예술의 기교를 얻으며, 영적 영역과 문화적 질을 향상시킨다.
문진강담(文津讲坛)	베이징도서관(중국국가도서관 전신)의 강좌전통2)을 계속 시행하여 2003년에 '문진강담'으로 명명한다.
문진 포럼	'문진 포럼(Wenjin Forum)'은 국가도서관이 후원하는 공공복지 학술문화에 관한 일련의 강의로, 2001년 설날 이래 500회에 걸쳐 개최되어 국가에서 유명한 문화 브랜드가 되었다. '문진 포럼'은 중국국가도서관의 문화교육의 훌륭한 전통을 고수하고 국립중앙도서관의 홍푸 컬렉션에 의존한다. 대중에게 봉사하고 강의의 사상, 학문 및 지적 성격을 고수하고 중국 내외의 유명한 전문가와 학자를 초청한다. 또한 이용자들을 위한 학습 공간 제공과 중국문화를 홍보, 대중을 위해 독서습관을 촉진한다.
과학자 포럼	2007년 11월부터 시작한 '과학자 포럼'은 대중과 과학자들의 소통을 통해 자연과학이론을 더 널리 알리고 응용할 수 있는 플랫폼을 제공하는 것을 목표로 하는 브랜드 강좌이다.

2) 강좌전통 : 1950년부터 최고 수준의 학자들이 문진각 7호에서 공익적인 강좌를 개최한다. 오늘날 국가도서관은 우수학자 강좌전통을 이어간다.

강좌 주제	내용
국가고전박물관 포럼	2014년 11월부터 시작 '국가고전박물관(National Classics Museum) 포럼'은 전시 내용과 다양한 수준의 대중의 특성에 따라 고전 박물관에 대한 강의를 계획했다. 고전문화를 전파하고 문화공연을 만들며 중국문화사에서 남긴 보물을 다각적인 관점에서 해석한다. 이러한 강의를 통해 중국의 정신을 고취시킴으로써 이용자는 중국의 문화와 국보를 깊이 이해할 수 있다.
중국 고전과 문화 포럼	'중국 고전과 문화 포럼'은 중국국가도서관이 소장하고 있는 고서를 대중과 공유할 수 있도록 한 강좌이다. 희귀도서 및 특별장서와 국가도서관의 지도자들이 설립한 '고전문화 진흥센터'는 전국 대학교 고전 정리위원회 및 '중국 고전 및 문화' 잡지의 지원을 받아 '중국 고전 및 문화' 일요일 시리즈 강연을 개최했다. 2007년 1월부터 중국 내외 초일류 학자를 초청하여 일반 대중에게 강연을 진행한다.
유엔과 중국 포럼	2010년 3월부터 시작한 '유엔과 중국 포럼'은 중국국가도서관과 유엔 중국 연합이 공동으로 주최한 것으로 유엔 지식과 국제 지식을 증진하고 홍보하기 위해 일반 대중과 전문가, 학자 및 외교관 간의 대화의 기반을 구축한다. 유엔의 조직과 활동에 대한 이해, 연구 및 홍보는 국제문제에 대한 대중의 이해를 향상시키고, 대중을 국제행사에 더 가깝게 만들며 학습사회 구축에 기여한다. '유엔과 중국 포럼'은 기초 강연자로 국내외 유명 인사, 외교관 및 정부 지도자들을 초청한다. 강연의 내용은 유엔, 국제정치, 국제관계, 중국 외교 및 외교관리에 관한 것이다.
중관촌(中关村) 창업 포럼	2010년 1월부터 시작한 '중관촌 창업 포럼'은 중관촌 경영위원회와 중국국가도서관이 공동으로 진행하는 중관촌 브랜드서비스 활동이다. 중관촌 기업가들을 모으고 중관촌 창업문화를 촉진한다. 이는 중관촌 기업가들이 소통할 수 있는 플랫폼을 제공하고 훌륭한 기업환경을 조성하는 것을 목표로 한다.
신해혁명연구 주제 포럼	100년의 변화를 지니고 광범위한 역사적 사건을 기념하여 2010년 8월부터 중국국가도서관과 중국국민당 혁명위원회 중앙위원회가 공동으로 주최한 '100년 신해 특별연구 시리즈 강연회'가 국가도서관에 공식적으로 개관했다.
중국 고대와 현대 소설 포럼	중국 고대와 현대의 소설은 고대와 현대 사회문화를 이해하는 데 중요한 도구가 될 뿐만 아니라 예술적 호소력과 미학적 가치가 뛰어나며 오늘날 여전히 광범위한 사회적 영향력을 가지고 있다. '중국 고대와 현대 고전 소설' 강좌 시리즈는 2011년 중국국가도서관에서 특별제작한 학술 강좌이다. 많은 인문학자들을 초청하여 중국 고대와 현대 고전을 깊이 있게 탐구하고 이용자들이 중국문학 발전을 이해하도록 한다. 아울러 조상이 남긴 지혜를 끌어내어 중국 전통문화의 본질을 이어받고 발전시킨다.

(2) 교육

중국국가도서관은 전통적인 중국문화교육, 사서업무교육 및 이용자교육 등과 같은 교육서비스를 제공하고 있다.

표 3-7 | 중국국가도서관 교육 내용

구분	이름	내용
전통적인 중국문화 교육	고대 도서 복원 기본 수업	선장, 호접장, 포배장, 금을 상감한 옥을 제조하고 서신 표지 제작, 고대 도서 수리기술의 기본 과정과 작동 등 교육과정을 포함한다.
	조각 예술감상 및 연습 수업	전서의 진화 및 연습, 조각 도구의 선택 및 사용, 조각 예술의 개요, 원고의 모사 및 디자인, 나이프의 설명 및 실습, 고대 인감 모사, 인장의 측면 판각 및 탁본, 창작 실습 및 화면 디자인 등 교육과정을 포함한다.
	유럽의 고전 서적 바인딩 교육과정	유럽 고전 바인딩의 역시와 발전, 손으로 꿰맨 책의 안쪽 페이지, 내부 페이지와 덮개 사이의 연결 고정방법 등 교육과정을 포함한다.
	2018 전탁(传拓)[3]기술교육 과정	전탁기술의 상속과 발전, 작업 흐름 및 조작, 도구 사용한 종이 및 잉크 등을 전기 준비, 갑골 전탁, 비문 전탁, 벽돌 및 기와 전탁, 목판 전탁, 청동 전탁, 청동거울 전탁, 연석 전탁, 동전 전탁 등 교육과정을 포함한다.
사서업무 교육	중국국가도서관 사회교육연구소(Social Education Training Center) 2018년 업계 연수 프로그램	사회교육연구소는 국가도서관의 전임교육기관으로 기본 업무교육, 평가 및 업계 인증서를 조직한다. 교육과정은 시행과정에서 조정되며 교육 내용은 전문 타이틀 시험 교정 수업, 중국도서관 분류법, 색인 작성 규칙, 목록, 이용자서비스, 편목작업, 국가도서관 RDA 지역정책, 도서관 참고봉사업무교육, 신입 및 이전 직원교육, 저작권관리교육, 오디오 및 비디오 전자 간행물 편집 및 서비스, 전자간행물 저작권, RDA 레코드 준비 실습 교실(컴퓨터 실습), 사회봉사, 사서 경력 개발 및 경력 계획과 같은 교육과정 등을 포함한다.
	2018년 도서관 신입사원 인력교육과정	도서관의 신입사원이 작업환경에 적응하고 직무에 참여하도록 돕기 위해 중국국가도서관 훈련센터에서 교육과정을 운영한다.

3) 전탁 : 중국의 전통 탁본기술이다.

구분	이름	내용
사서업무 교육	음반, 영상 전자출판물 편집 및 서비스에 관한 저작권교육과정	시청각 전자자원의 여러 개념과 특성, 인터뷰, 목록 작성, 처리관리, 편집관리, 시청각 전자출판과 관련된 저작권문제, 사업부서의 현장교육 등 교육과정을 포함한다.
	도서관 문헌자원 건설교육과정	중문 도서 구입, 증정본 납본, 기증, 처리관리 프로세스, 신문 및 정기간행물 등록, 바인딩 및 첨부파일, 프로세스관리, 홍콩 및 대만 도서 편집작업, 회색문헌 개요, 국내 및 해외 회색문헌 자원 수집, 학위논문, 의사록, 연구보고서, 정부간행물 및 민속 소장품의 편집 및 목록 작성 등 교육과정을 포함한다.
이용자 교육	맞춤형 교육	맞춤형 교육은 교육 목표의 업무 특성 및 교육 요구 사항을 기반으로 한다. 철저한 조사와 맞춤형 체계화과정을 거친 후에는 지향성과 타당성 있는 교육을 제공한다. 교육과정시스템의 내용은 기본적인 업무능력의 향상을 보장할 뿐만 아니라 첨단기술과 이론을 포함하며 전문성과 확장성을 향상시킨다.
	'Cultural Journey' 주제교육	도서관의 'Cultural Journey' 주제는 공공문화서비스시스템의 구축, 도서관의 기업지배구조 탐구, 일반 지휘시스템의 구현과 이용자서비스의 혁신, 독서의 촉진, 도서관과 도시 등을 집중적으로 다루며 오프라인교육을 실시한다. 더불어 북경의 모든 도서관, 대학도서관 및 현급 수준의 도서관과 협력하여 도서관 간 교류 및 교육을 실시한다.
	'석양을 배려함(关爱夕阳)' 노인 교실	노인 이용자를 위한 인본주의 보살핌의 정신으로 중국국가도서관은 노인 독자들의 '석양을 배려함' 노인 교실 공공복지 훈련서비스를 마련했다. 고령자 교실훈련은 노인 이용자가 '흥미진진한 노년 및 지식생활'이라는 개념을 달성하도록 돕기 위해 고안되었으며, 이용자의 나이 특성과 지식 요구를 충분히 고려하여 노인의 정보 검색, 네트워크 지식 및 컴퓨터 및 휴대전화와 같은 미디어 응용 프로그램을 돕도록 설계되었다. '네트워크 정보기술 공포증(network information technology phobia)'을 극복하고 최신 디지털 정보사회보다 잘 통합되며 노인 학습 및 의사소통을 위한 플랫폼을 제공한다.

(3) 전시회

중국국가도서관 '애니메이션 오리지널 페인팅 특별전 – 연필로 태어난 세계,' '주은래 탄생 120주년을 기념하여 미술작품 전시회,' '일본 융칭(永清) 서고, 고서 기증 전시회,' '〈시경〉부터 〈홍루몽〉까지 – 우리가 읽었던 경전들,' '초심을 잊지 않고 부단히 연마하다 – 국가도서관 혁명문헌 수집 전시회,' '갑골 메모리' 및 '소장된 명가원고' 등과 같은 특별한 전시회서비스를 제공하고 있다.

표 3-8 | 중국국가도서관 전시회

전시회 주제	내용
애니메이션 오리지널 페인팅 특별전 – 연필로 태어난 세계	400편이 넘는 원작과 희귀한 셀룰로이드가 중국에 처음 도착하여 중국국가도서관 고전관에 전시되었으며 월트디즈니의 귀중한 필기 서명과 1930년대의 84편의 전시물이 전시되었다.
주은래 탄생 120주년을 기념하는 미술작품 전시회	주은래(周恩來) 총리 탄생 120주년을 맞아 주은래 수상의 업적을 기념하여 국무총리의 엄격한 자기 단련과 사심 없는 헌신 정신을 계승하고 전수하는 전시회가 개최되었다.
일본 융칭서고, 고서 기증 전시회	2018년은 중일 평화조약 체결 40주년이며, 일본 총리와 에버그린도서관 이사회 회장인 호소카와 히로시(Hosokawa Hiroshi)는 호소카와족의 여러 세대에 걸쳐 수집한 36부 4,175권의 한나라 고전을 중국국가도서관에 기증하였다. 약 37만 권의 한나라 문헌은 14개 경부, 9개 사부, 4개 자부, 5개 집부 및 4개 총부를 포함하여 고전, 역사, 하위 집합 및 덩어리의 다섯 가지 주요 범주를 다루고 있다. 완성된 카테고리를 통해 중국과 일본의 고전 커뮤니케이션 및 문화 커뮤니케이션의 발전 경로와 원점을 보다 포괄적으로 표시할 수 있다.
〈시경〉부터 〈홍루몽〉까지 – 우리가 읽었던 경전들	이 전시는 역사 발전의 맥락에서 제시되는 70종 이상의 고대 서적을 선정한다. 선진(先秦)시기, 진(秦)나라와 한나라, 위나라와 진나라, 수나라와 당나라, 송나라, 원나라, 명나라, 청나라의 8개 부분으로 나뉘어 있다. 각 시대의 주요 인물들의 일생과 작품 등을 소개를 통해 중국문학의 발전과정을 연결하여 고대 중국 문학의 본질을 보여준다. 전시실에는 편종, 복식, 활자반(galley) 및 칠현금과 같은 전시물을 전시하는 '시서예악(诗书礼乐)' 섹션도 있다. 대중은 고전적인 영국문학을 즐기면서 고대 중국 고전문학의 매력을 경험할 수 있다.
초심을 잊지 않고 부단히 연마하다 – 국가도서관 혁명문헌 수집 전시회	혁명문헌 수집 전시회는 중국국가도서관에서 역사 자료를 수집하여 대표적인 전시품을 선정한다. 역사자료의 관점에서 지난 세기를 거쳐간 당의 과정을 재검토하고 역사의 경험과 교훈을 요약하며 중국 특성을 지닌 사회주의를 형성한다.

전시회 주제	내용
갑골 메모리	이 전시회는 다시 떠오르는 문명, 마법의 문자, 전설의 왕국, 탐험의 여정의 네 가지 모듈로 나뉘어 있다. 갑골의 발견부터 여러 단계의 해석과 여러 가지 방법을 통해 갑골문자 뒤의 비밀을 간단한 방식으로 탐구한다. 또한 문자와 갑골은 갑골 실물의 전시, 장면 복원, 고고학 발굴 사진, 학자들의 연구결과 수집 및 유물 전시를 한다.
소장된 명가원고	원고는 저자가 작성한 원본으로 작품의 원래 모습을 보여주며 문헌가치와 학문적 가치가 모두 반영한다. 중국국가도서관의 명가원고문고는 1954년에 공식적으로 설립되었으며, 500명이 넘는 중국 근현대 명가의 4,000여 편이 넘는 원고를 소장하고 있다. 작가, 학자, 과학자 및 기타 유명한 사람들의 중요한 작품은 작가의 생각과 지혜는 중국국가의 귀중한 문화유산으로 140여 편의 사본을 선정하여 사람들의 영적 전망과 중국민족의 현대 역사 발전과정을 보여준다.

8) 특수 역할

(1) 출판물

중국국가도서관은 중국국립서지센터(National Bibliographic Center of China)의 임무를 완수하고 국가서지, 공동 카탈로그 및 소장품 카탈로그 편집 및 출판을 책임지고 있다. 2003년까지 중국국가도서관은 〈중국 국가서지〉, 〈중화민국 일반 서지〉 및 〈중국 고서선본 목록〉 등 30개 이상의 서지 목록을 편집했다. 중국국가도서관은 국가도서관 학술지, 〈문헌〉 및 〈중국 도서관 저널〉과 같은 학술지 편집 및 출판을 담당한다. 중국국가도서관은 전통적인 출판물 외에도 중국국가도서 회고 데이터베이스(China National Bibliographic Backtracking Database)(1949~1987) 및 중국국립도서 데이터베이스(China National Book Database)(1988~현재)와 같은 전자출판물의 준비 및 출판을 주도해 왔다.

(2) 디지털도서관 프로젝트

1998년 이래로 중국국가도서관은 '중국 디지털도서관 프로젝트'를 수행하기 시작했다. 현재 중국국가도서관의 소장자료 중 일부는 디지털화했으며, 일부는 이미 서비스를 제공하기 시작했다. 또한 2001년 11월 공식적으로 중국의 정보산업의 인프라에 디지털도서관 건설 계획을 승인했다.

내용 및 사진출처

邵錦楓. (2008). 중국의 디지털도서관에 관한 고찰(석사학위). 신라대학교 대학원, 부산.

중국국가도서관 강좌. (2018.12.22.).
http://www.nlc.cn/dsb_zx/jzyg/

중국국가도서관 고서관 위키피디아. (2018.12.22.).
https://zh.wikipedia.org/wiki/%E4%B8%AD%E5%9B%BD%E5%9B%BD%E5%AE%B6%E5%9B%BE%E4%B9%A6%E9%A6%86%E5%8F%A4%E7%B1%8D%E9%A6%86

중국국가도서관 국립고전박물관 위키피디아. (2018.12.22.).
https://zh.wikipedia.org/wiki/%E5%9B%BD%E5%AE%B6%E5%85%B8%E7%B1%8D%E5%8D%9A%E7%89%A9%E9%A6%86

중국국가도서관 바이두백과. (2018.12.22.).
https://baike.baidu.com/item/%E4%B8%AD%E5%9B%BD%E5%9B%BD%E5%AE%B6%E5%9B%BE%E4%B9%A6%E9%A6%86

중국국가도서관 본관 위키피디아. (2018.12.22.).
https://zh.wikipedia.org/wiki/%E4%B8%AD%E5%9B%BD%E5%9B%BD%E5%AE%B6%E5%9B%BE%E4%B9%A6%E9%A6%86%E6%80%BB%E9%A6%86%E5%8D%97%E5%8C%BA

중국국가도서관 서비스. (2018.12.22.).
http://www.nlc.cn/dsb_zyyfw/wdtsg/dzzn/dsb_gtfw/dsb_afwbjyd/

중국국가도서관 신관 위키피디아. (2018.12.22.).
https://zh.wikipedia.org/wiki/%E4%B8%AD%E5%9B%BD%E5%9B%BD%E5%AE%B6%E5%9B%BE%E4%B9%A6%E9%A6%86%E6%80%BB%E9%A6%86%E5%8D%97%E5%8C%BA

중국국가도서관 소년아동도서관 위키피디아. (2018.12.22.).
https://zh.wikipedia.org/wiki/%E4%B8%AD%E5%9B%BD%E5%9B%BD%E5%AE%B6%E5%9B%BE%E4%B9%A6%E9%A6%86%E5%B0%91%E5%B9%B4%E5%84%BF%E7%AB%A5%E9%A6%86

중국국가도서관 위키피디아. (2018.12.22.).
https://zh.wikipedia.org/wiki/%E4%B8%AD%E5%9B%BD%E5%9B%BD%E5%AE%B6%E5%9B%BE%E4%B9%A6%E9%A6%86

중국국가도서관 이용자교육. (2018.12.22.).
http://www.nlc.cn/dsb_zx/pxyg/

중국국가도서관 장서 위키피디아. (2018.12.22.).
https://zh.wikipedia.org/wiki/%E4%B8%AD%E5%9B%BD%E5%9B%BD%E5%AE%B6%E5%9B%BE%E4%B9%A6%E9%A6%86

중국국가도서관 전시회. (2018.12.22.).
http://www.nlc.cn/dsb_zx/jzyg/

2017년 중국국가도서관 연간보고서. http://www.nlc.cn/dsb_footer/gygt/ndbg/nj2017/

2. 상하이 도서관

- 주소 : 상하이시 쉬후이구 화이하이루 1555번지
- 전화 : +86 21 6445 5555
- 팩스 : 021-64455001
- 홈페이지 : http://www.library.sh.cn/fwzn/jtzn

1) 도서관 개요

상하이도서관(상해도서관)은 베이징시의 중국국가도서관에 이어 중국에서 두 번째로 큰 도서관으로 문화부의 전국 1급 도서관으로 평가받았다. 상하이도서관은 1952년에 설립되었으며, 상하이 과학기술정보원은 1958년에 설립되었다. 그 후 1995년 10월 상하이도서관은 상하이 과학기술정보원과 합병하여 종합적인 연구 중심의 공공도서관 및 산업정보센터가 되었다. 더불어 상하이도서관은 국가문화공유 프로젝트의 일환이다.

그림 3-8 | 상하이도서관 정문

2) 연혁

- 상하이도서관이 설립되기 전에 상하이에 있던 도서관으로는 예수회가 운영하는 1847년 설립된 쉬자후이창수루(徐家汇藏书楼)가 있었다.
- 1950년, 상하이 문화유산위원회는 도서 수집활동을 하며 약 1년 동안 20만 권 이상을 모았다. 여기에는 많은 학자와 명사가 협력하여 기부를 했으며, 위원회는 해외에서도 도서를 수집했다.
- 1952년 7월 22일, 상하이에서 처음으로 대규모 공공도서관인 상하이도서관이 개관했다.
- 1956년, 쉬자후이창수루를 분관으로 설립했다.
- 1958년, 상하이 과학기술도서관, 상하이 역사문서도서관, 상하이 신문도서관을 합병했다.
- 1995년, 상하이도서관은 1958년에 설립된 상하이 과학기술정보연구소(ISTIS)와 합병했다. 이에 따라 상하이도서관은 공공도서관서비스 및 과학기술산업 정보연구기능이 일체화된 중국 최초의 도서관으로 건립되었다.
- 소장 공간의 부족으로 1970년대부터 문제가 되어 현재의 건물은 1993년에 공사를 시작했으며 1996년에 이전했다(2018년 상하이도서관 홈페이지).

3) 시설

상하이도서관은 화이하이루(Huaihai Road)에 위치하며 총 건축면적은 127,000m^{2}이다. 106.9m와 58.8m 높이인 2개의 건물로 구성되어 있으며, 직육면체를 쌓아 올린 피라미드의 모습은 문화적 유산인 단단한 주춧돌, 그리고 지식을 추구하는 인류의 끊임없는 노력을 상징한 것이다. 또한 상하이도서관의 고안루 건물(高安路馆舍)은 세계에서 가장 높은 도서관 건물이다.

도서관에는 33개의 열람실, 2개의 전시실, 4개의 학술 세미나실, 1개의 음악감상실, 1개의 디지털열람실이 있다. 건물의 전면에는 고대 중국 건축물을 모방한 여러 개의 거대한 기둥과 아치가 있고 유리는 이중층 음향유리로 만들어져 있으며, 화이하이루의 소음을 효과적으로 차단할 수 있다.

그림 3-9 | 상하이도서관 내부

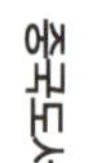

(1) 쉬자후이창수루(徐家汇藏书楼)

쉬자후이창수루는 장시간 일반인에게 개방되어 있지 않아 이용자가 자료에 접근하고 싶으면 열람의뢰서를 작성해야 한다. 수십 년 동안 관리와 유지보수가 좋지 않아 지하실이 침수되어 지반 함락과 같은 심각한 건축 문제가 있었다. 때문에 1990년대 쉬자후이 지역에 지하철역이 건설되었을 때, 정부는 쉬자후이창수루 철거를 고려했으나 바진(Ba Jin)과 같은 지식인들의 호소로 유지되었고 적극적으로 수리되었다. 지금은 지역의 경관 중 하나로 모든 대중에게 공개된다.

(2) 기타도서관 외부 서고

상하이도서관은 도서관 외에 3개의 서고가 있다. 즉 항투서고(Hangtou Library), 용우(Longwu)도로보존서고 및 신죽특수문헌서고(Xinzhuang Special Literature Library)가 있으며, 일반인에게 공개되지 않는다.

4) 장서

상하이도서관은 5,400만 권 이상의 중국 및 외국 서적을 보유하고 있다. 그 중 고대 서적, 비문, 유명인 원고, 족보, 지방지, 서양 선본, 음악악보, 현대 신문 및 특허 등이 특색장서이다.

자료는 700만 권의 고대 도서(조각), 15만 권의 비문 및 10만 권 이상의 유명인 원고를 포함하여 역사적 문헌이 있는 5,095만 부(조각)를 수집했다. 고대 서적에는 25,000여 종 17만 권의 희귀본이 있으며, 송나라와 원 왕조의 각본은 300여 가지가 포함되어 있다. 또한 당나라와 5대 왕조 이전의 사경이 224가지가 넘는다. 특별소장품으로 1949년까지 약 5,400종의 지역 연대기, 18,000종이 넘는 족보(342개의 성) 및 8,000가지가 넘는 주권(공시, 향시 및 회시의 답안지 포함)이 있다.

상하이도서관이 소장한 특색문헌으로 계보목록 데이터베이스나 외부 협력을 통해 전자저널 열람안내 데이터베이스, 총 10개의 자체 구축한 데이터베이스가 있다(2018년 상하이도서관 홈페이지).

표 3-9 | 상하이도서관 자체 구축 데이터베이스

구분
상하이도서관 표준목록 데이터베이스
상하이도서관 계보목록 데이터베이스
상하이세월 데이터베이스
상하이도서관 디지털자원공유 플랫폼
상하이도서관 전자저널 열람안내 데이터베이스
상하이도서관 의사록자료 데이터베이스
상하이도서관 미국정부 연구보고 데이터베이스
화동지구 외국 과학기술 정기간행물 연합구독목록 데이터베이스
상하이도서관 일본과학기술 연구보고 데이터베이스
상하이도서관 미국항공우주학회보고 데이터베이스

5) 조직

상하이도서관의 직원은 총 751명이다. 그 중 고급전문기술직원은 49명이고 부고급전문기술직원은 107명, 중급전문기술직원은 328명, 초급전문기술직원은 227명이다(2016년 상하이도서관 연간보고서).

그림 3-10 | 상하이도서관 조직도

표 3-10 | 상하이도서관의 부서 및 직원 수

부서	직원 수(명)
도서관 지도자	6
당정사무실	6
노동조합·청년단·여성위원회	4
인사처	10
감사실	2
협력조직처	6
업무처	6
국제교류처(홍콩, 마카오, 대만 사무소)	5
재무처	16
행정보위처	10
연구실(도서관학정보학연구소)	6
상하이동관건설계획사무실	3
이용자서비스센터	112
역사문헌센터	59
문헌제공센터	23
회의 및 전시센터	29
수집 및 편집센터	102
정보처리센터	102
시스템 네트워크센터	33
정보상담 및 연구센터	65
출판센터	31
재무관리센터	33
장서센터	72
공공디지털문화연구센터	3
이직·휴직 및 퇴직	7
계	751

6) 서비스

(1) 사회교육

2015년 기준으로 상하이도서관은 강좌 195회, 전시회 66회, 교육훈련 12회, 기타활동 44회를 개최하였다(2016년 상하이도서관 연간보고서).

표 3-11 | 2015년 상하이도서관 활동

구분	활동 횟수
강좌	195
전시회	66
교육	12
기타활동	44
계	317

(2) 상하이도서관 특화서비스

상하이도서관은 문헌검색서비스, 참고봉사서비스, 신문 스크랩, 문헌 제공, 번역서비스, 디지털 제작, 광고서비스, 신문 및 정기간행물 색인 의사록, 복사서비스, 서점 출판사, 도서 복원 및 보호, 재산관리서비스 등을 제공한다.

표 3-12 | 상하이도서관의 특화서비스

구분	내용
족보 검색	계보도 열람, 카탈로그 검색, 계보 대신 조사서비스를 제공한다.
특허, 표준 및 기술보고서 검색서비스	특허 명세서(특허 검색도구, 특허 초록 등), 표준문헌 및 미국과학기술보고서에 대한 검색서비스를 제공한다. EI(Engineering Index), CA(Chemical Abstracts), SA(Scientific Abstracts), SCI(Scientific Citation Index), 7개 나라 특허의 전체 텍스트, 중국특허 및 미국, 유럽 및 기타 국가의 권위 있는 검색 CD-ROM 데이터베이스, 중국특허 검색 CD, 영국, 미국 및 기타국가, 업계 협회표준, 미국 정부 4세트 보고서 및 검색 CD 등을 제공한다.
시장 조사 컨설팅	상하이 신용상담기관은 기업 관련 평판, 시장 및 산업 조사연구, 경쟁분석 및 지속적인 모니터링서비스를 제공하는 외국 관련 조사 라이선스를 보유하고 있다.

구분	내용
과학기술 정보 컨설팅서비스	컨설팅 조직인 대리 연구원 및 등록된 컨설팅 전문가, 경제, 산업 및 기술과 같은 전술적 정보에 대한 컨설팅 연구를 제공한다.
의사결정 컨설팅 연구 서비스	상하이 신용상담기관, 고위 연구원 및 등록 컨설턴트 정책 및 계획 결정에 관한 컨설팅 및 연구를 제공한다.
과학 및 기술 노벨티 검색	과학기술부가 지정한 주정부 검색기관에서 결과, 발명품, 특허 등의 새로운 평가와 프로젝트에 대한 노벨티 평가를 제공한다.
고서 검색 전화상담	고대 도서 컬렉션, 고서 버전 감정, 고서 검색, 기관 검색, 관련 콘텐츠 복사서비스를 제공한다.
신문 스크랩	상하이도서관 컬렉션의 다양한 고품질 데이터베이스 리소스와 대규모 컬렉션 리소스를 최대한 활용한다. 또한 웹 브라우징 및 이메일 푸시 등 기업을 위한 편리한 정보서비스를 제공한다.
주제 시리즈 스크랩 정보서비스	'금융 분석 참고자료,' '세계박람회 스크랩,' '부동산 분석자료,' '중국 부동산 정보 편집' 및 '기업 분석 및 전략적 결정'이라는 스크랩 정보를 제공한다.
특수신문 스크랩서비스	경쟁자 정보 수집, 업계 또는 제품 추적, 브랜드 또는 광고 수집 등의 주제를 선택하고 신문의 이름, 범위, 요구 사항 및 기간을 선택하는 스크랩서비스이다.
경력직 번역 서비스	40년 이상의 역사를 자랑하는 번역부서는 중국 및 외국인에게 다국어 문서 및 전자 버전의 문서를 중국어로 번역하거나 중국어에서 외국어(영어, 일본어, 독일어, 프랑스어, 러시아어, 한국어, 이탈리아어, 스페인어, 체코어 및 인도네시아어 등의 언어 포함)로 번역하는 서비스를 제공한다. 주로 포르투갈어, 특허표준, 엔지니어링재료 및 제품 서명서과 같은 과학 및 기술 문서를 번역한다.
웹 홈페이지 제작, 웹 사이트 구축 서비스	웹 페이지 제작, 다양한 검색 데이터베이스에 대한 온라인 검색 개발, 웹 사이트 만들기, 웹 사이트 구축, 기타 원스톱서비스를 제공한다.
광고 디자인 및 출판서비스	광고 기획, 디자인 및 제작, 잉크젯, 라이트 박스 제작, 전시회 실시, 의사 데이터 입력, 컴퓨터 조판, 인쇄 등 서비스를 제공한다.
도서관 잡지 광고서비스	〈Library Magazine〉은 전국 정기간행물 목록에 있는 주요 핵심 저널 중 하나로 도서관 도구, 도서관 자동화관리 소프트웨어 및 서적 출판과 같은 광고서비스를 허용한다.
문화연감 서비스	상하이문화연감(Shanghai Cultural Yearbook)은 상하이문화를 이해하고 연구할 수 있는 국내외 신뢰할 수 있는 정보와 자료를 제공하는 대규모 참고서서비스다.
선택적 정보 배포	이용자의 관심과 이슈에 대한 정보를 '전국 신문 인덱스 데이터베이스'에서 추출하여 전자저널, 전자문서 형태로 인터넷을 통해 신문 인덱스 사용자와 이용자에게 전달한다.
영상 촬영 서비스	모든 종류의 TV 필름, TV 필름 번역 제작, VCD 제작 등 다양한 영화 및 TV 기술서비스, AV 장비서비스를 제공한다. CCTV의 'Spark Technology' 칼럼과 성화(星火)과학기술TV 프로그램 등의 촬영 작업을 수행하고 있다.

구분	내용
고서 복원 서비스	고서 복원, 서예 및 그림, 절첩본(册页), 비석탁본(碑帖) 등을 표구(裝裱)4)한다.
전각 표구 탁본 서비스	조각, 석각 및 탁본으로 서화를 표구한다.
문헌 기록 보호 서비스	다양한 문헌, 기록 보호기술서비스 및 다양한 좀먹음과 곰팡이 방지 및 소독 등의 재료를 제공하고, 그룹의 문헌, 기록기술 모니터링을 수행한다.
재산관리 서비스	주택가, 주상건물 및 공공건물의 건물관리를 수행한다. 여기에는 청소, 보안, 건물 장비 및 시설의 운영 및 관리, 청소 및 주택관리가 포함된다.

7) 프로그램

(1) 상하이세월

'상하이세월'은 상하이도서관과 상하이 과학기술정보연구소가 개발한 디지털도서관 장기 건설 프로젝트 중 하나이다. 이는 지역 역사의 본질을 주제로 정치사, 경제사, 사회사, 문화사, 멀티미디어 디지털자료 및 수집문헌을 바탕으로 체계적으로 문헌자원을 통합한다. 상하이세월은 사람, 사물, 시간을 기반으로 다양한 하위자원 데이터베이스, 다차원, 다층적으로 상하이 스타일 및 지리적 특성을 표현한다.

'상하이세월' 프로젝트는 상하이 근대 및 현대사자료의 개발, 정리 및 연구에 전념해 왔으며 연구결과를 선보이고 있다. '항일전쟁 승리 60년 기념' 사진 데이터베이스와 '상하이세월 영화메모리' 사진 영상 데이터베이스 및 '상하이세월 사진 상하이'와 같은 많은 디지털문헌 데이터베이스를 개발하고 〈중국근대연극도지〉, 〈중국현대영화 저널 전체서지〉, 〈상하이도서관의 원래의 역사사진〉, 〈상하이, 한 세기의 공공 공간〉과 같은 많은 대형 및 중형 카탈로그를 편집 및 출판했다.

---

4) 표구 : 서적이나 회화(繪畵) 등의 보존, 감상 때문에 열지(裂地)나 종이 등을 보충하여 족자나 액자, 병풍, 칸막이, 책자(冊子), 첩(帖 : 문서) 등 각종의 형식으로 만든 것이다. 표장이라고도 한다.

① 상하이 세계박람회

1949년 이전의 열 개 이상의 세계박람회는 중국의 역사적인 발자취에 초점을 맞추고 있다. 상하이 세계박람회를 통해 그림과 텍스트 형식으로 중국과 세계박람회, 상하이와 세계박람회 간의 연결고리를 세계에 보여준다. 또한 '세계박람회 메모리(Expo Memory)' 하위 칼럼은 1851년 영국 런던 세계박람회부터 1933년 미국 시카고 세계박람회 이전까지의 중국과 관련된 세계박람회 및 중국을 주제로 한 여러 박람회를 수집 및 구축했다. 여러 국가, 특히 중국의 전시회, 관련 문헌 및 사진의 수집은 중국과 세계박람회 간의 관계에 대해 직관적이고 깊은 인상을 준다.

그림 3-11 | 상하이 세계박람회

② '항일전쟁' 승리 70년 기념

이 데이터베이스에는 '항일전쟁' 때 남긴 이미지자료가 포함되어 있으며, 주제, 인물, 장소, 시간, 사건으로 카테고리를 나눈다.

그림 3-12 | '항일전쟁' 승리 70년의 기념사진 데이터베이스

③ 상하이세월 영화 메모리

2005년 중국 영화의 탄생 100주년을 기념하기 위해 '상하이세월' 데이터베이스는 공식적으로 영화 메모리(Movie Memory)를 발표했다. 또한 사진 및 사운드, 음향 등의 신뢰성을 갖춘 '중국현대영화 저널 전체서지'와 '중국 영화배우 스타 기록' 2개를 출시했다.

그림 3-13 | 상하이세월 영화 메모리

④ 중국 영화배우 스타 기록

'중국 영화배우 스타 기록'에는 1949년 이전 주로 활동했던 상위 100명의 스타가 포함되어 있다. 텍스트, 사진, 음악, 영화 등 다양한 방법으로 포괄적이고 객관적인 방식으로 영화배우의 삶을 보여준다.

그림 3-14 | 중국 영화배우 스타 기록

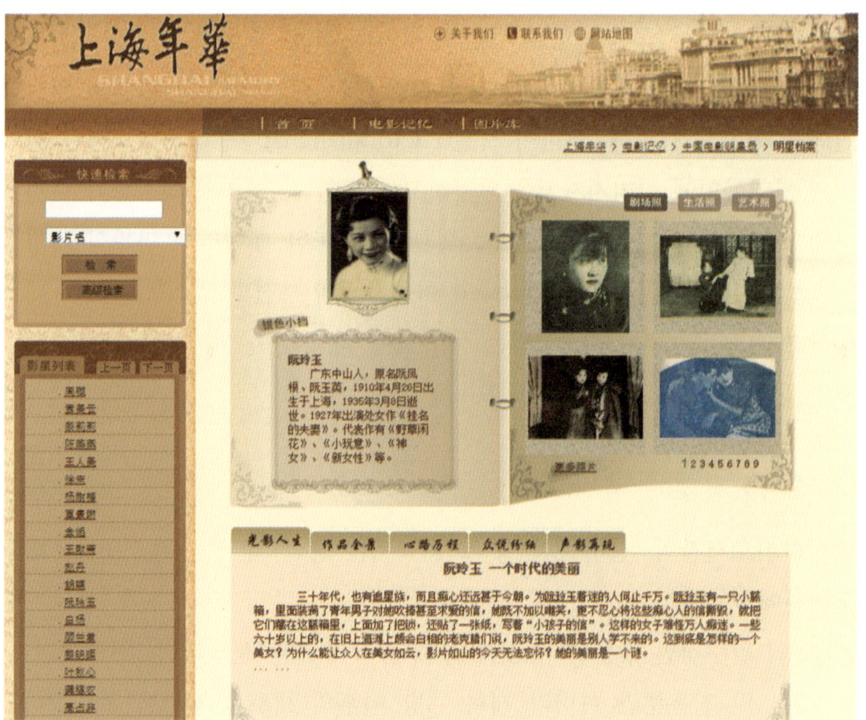

⑤ 상하이 영화 저널 서지

영화에 관한 책과 잡지는 영화 홍보의 매체이며, 모든 영화 간행물 중에서 저널과 다큐멘터리가 가장 많고 광범위하다. 현재 중국에서 가장 오래된 영화 잡지는 1921년 간행하기 시작한 〈The Movies〉와 〈Movies Magazine〉이다. 20년 뒤 1949년의 영화 잡지 총 발행 건수는 300건이 넘었고 이는 중국 영화의 급성장에 대한 증거라고 할 수 있으며, 영화 공부를 위한 중요한 참고자료로 간주된다. 〈Chinese Modern Film Journals〉에는 1921~1949년에 발간된 300여 종의 영화 잡지가 수록되어 있으며, 각각의 상세한 요약과 영화 관련 그림 및 내용 페이지가 첨부되어 있다. 영화 저널 서지를 통해 중국의 현대영화 저널의 발전을 포괄적이고 객관적으로 보여주고 있으며, 이용자들이 중국 영화를 이해하고 연구할 수 있는 간단한 플랫폼을 구축하여 제공한다.

⑥ 상하이세월 사진 상하이

현재 상하이는 중국을 알기 위한 열쇠이다. 또한 중국의 상업경제와 정치 문화의 중심지인 상하이는 풍부한 인류 역사를 갖고 있다. 상하이의 역사적 변화를 재현하기 위해 '상하이 사진(Photo Shanghai)'이 상하이도서관 컬렉션의 지역문헌에 이미지자원을 탐구하고 조직한다. 이미지 리소스가 디지털화되고 다양한 메타데이터 정보로 발행된다. 또한 데이터에 연관성을 형성함으로써 다양한 시각으로 해석하고 이용자에게 사진과 텍스트가 있는 네트워크 형식으로 표시한다. 그림은 살아있는 역사이며, 사진 속 상하이는 수세기 동안 상하이의 변화를 느낄 수 있게 한다.

(2) 상하이의 창

상하이도서관의 '상하이의 창' 프로젝트는 중국 내 출판된 도서를 해외도서관에 기부함으로써 중국 역사를 소개하는 '중국 도서 진흥 프로그램(CBI)'의 필수적인 부분이다. 이를 통해 중국의 오랜 문명과 문화에 대한 문화 선전 및 진흥뿐만 아니라 개혁 개방 이후의 새로운 진전을 보여준다.

'상하이의 창'은 해외도서관 내의 중국 관련 자료가 부족한 것을 보완하고 해외독자들이 중국의 최신 간행물을 읽을 수 있는 기회를 더 많이 제공하도록 고안되었다. 또한 '상하이의 창' 서적은 중국어를 배우고 중국 역사를 이해하며 학술연구를 수행하기 위한 해외독자의 욕구와 필요를 충족시켜준다.

'상하이의 창' 서적의 주제는 중국과 상하이에서의 고대와 현대미술, 경제, 인물, 철학, 문학, 문화와 민속 전통, 역사, 자연과 인간의 풍경, 요리 예술, 중국 전통의학, 건축 등을 포함한다. 주로 중국어 및 영어로 제공되며, 프랑스어, 독일어, 러시아어, 스페인어, 포르투갈어, 일본어, 한국어 및 기타

언어로 작성되어 독자의 요구를 충족시킬 수 있다.

'상하이의 창'의 협력기간은 일반적으로 3년이다. 상하이도서관은 협력기간 동안 500여 점의 도서를 기부하고 이후 매년 약 100점 이상의 도서를 추가 기부한다. 아울러 모든 도서에 대해 서지정보를 제공하며 목록 작성에 대한 추가지원을 제공하기도 한다.

(3) 제5회 '상하이에서의 모임' 에세이활동

에세이활동은 중국에서 생활하거나 외국인 여행객 이용자를 대상으로 하는 활동이다. 에세이 내용은 외국인들이 중국의 건축, 인문, 생활스타일 등

그림 3-15 | 제5회 '상하이에서의 모임' 에세이활동

상하이의 특성과 상하이에서의 이야기, 상하이에 대한 생각, 관련 전시회 및 활동으로 얻은 생각 등 중국문화와 중국문화가 세계에 미치는 영향에 대한 견해 등을 주제로 진행한다.

(4) 상하이국제도서관포럼

상하이국제도서관포럼(SILF)은 전 세계의 도서관과 인텔리전스 전문가들 간의 전문적이고 학술적인 교류를 촉진하기 위해 2년마다 개최되는 국제콘퍼런스이다. 2002년, 상하이도서관 설립 50주년을 기념하기 위해 상하이도서관은 최초의 상하이국제도서관포럼을 성공적으로 개최했다. 이 포럼에는 12개국 100명이 넘는 대표들이 참석했으며, 진행을 위해 77개의 논문이 선정되었고, 53명의 대표들이 교류를 가졌다. 첫 번째 포럼의 주요 주제는 '지식관리,' '참고봉사서비스,' '도서관 간 협력' 및 '디지털 건설'이었다.

콘퍼런스는 주제에 관련 있는 이슈, 최신 연구결과, 참신한 아이디어, 첨단기술 및 최신 개발과 관련된 화제성 있는 주제에 대해 심층적이고 광범위한 학술교류를 수행하고 유명한 전문가 및 학자들이 기초연설과 특별보고서를 작성하도록 초청한다.

제9회 상하이국제도서관포럼은 2018년 10월 19일 상하이도서관에서 "도서관을 보다 지혜롭고 관대하게 만들기"라는 주제로 개최하였다. 24개 국가와 지역에서 292개의 대표적인 글로벌도서관과 국제전문가 등이 포럼에 참여했다. 이 포럼에서 24개의 국가 중 21개 국가 및 지역에서 총 100여 건의 논문이 접수되었다. 또한 48명의 대표가 기초연설, 회의보고서 및 아이디어를 교환하였다. 대표단은 연구결과, 학업진척도 및 개발 아이디어, 학술적 견해 교환, 직장감정에 대한 이야기, 스마트도서관 구축을 위한 이론 및 기반을 공유했다.

내용 및 사진출처

상하이국제도서관 포럼. (2018.12.22.).
http://silf2018.library.sh.cn/

상하이도서관 관련 서비스. (2018.12.22.).
http://www.library.sh.cn/fwzn/fwyl/index.htm

상하이도서관 바이두백과. (2018.12.22.).
https://baike.baidu.com/item/%E4%B8%8A%E6%B5%B7%E5%9B%BE%E4%B9%A6%E9%A6%86

상하이도서관 위키피디아. (2018.12.22.).
https://zh.wikipedia.org/wiki/%E4%B8%8A%E6%B5%B7%E5%9B%BE%E4%B9%A6%E9%A6%86

상하이도서관 장서. (2018.12.22.).
http://www.library.sh.cn/fwzn/ylzn/index0.htm

상하이도서관 홈페이지. (2018.12.22.).
http://www.library.sh.cn/fwzn/jianjie.htm

상하이 및 세계박람회. (2018.12.22.).
http://expo.library.sh.cn/

상하이세월. (2018.12.22.).
http://memoire.digilib.sh.cn/SHNH/

상하이세월 사진상하이. (2018.12.22.).
http://memoire.digilib.sh.cn/SHNH/tpsh_index.htm

상하이세월 영화 메모리. (2018.12.22.).
http://memoire.digilib.sh.cn/SHNH/

상하이 영화 저널 서지. (2018.12.22.).
http://memoire.digilib.sh.cn/SHNH/book/books.htm

상하이의 창. (2018.12.22.).
http://windowofshanghai.library.sh.cn/

상하이의 창 개요. (2018.12.22.).
http://windowofshanghai.library.sh.cn/Default.aspx?tabid=150&language=zh-CN

제5회 '상하이에서의 모임' 에세이활동. (2018.12.22.).
http://windowofshanghai.library.sh.cn/activities/get_together2018/get_together2018.html

중국 영화배우 스타 기록. (2018.12.22.).
http://memoire.digilib.sh.cn/SHNH/star/movie_star.htm

'항일전쟁' 승리 70년 기념. (2018.12.22.).
http://memoire.digilib.sh.cn/SHKZ/

2016년 상하이도서관 연간보고서
http://www.library.sh.cn/dzyd/rdsm/images/2016%E5%B9%B4%E5%B9%B4%E6%8A%A5.pdf

3. 난징 도서관

- 주소 : 장쑤성(江苏省) 난징시 현무구 중산 동로 189번지
- 전화 : +86 25 8435 6000
- 팩스 : 025-3372163
- 홈페이지 : http://www.jslib.org.cn

1) 도서관 개요

난징도서관(남경도서관)은 장쑤성(江苏省) 성립공공도서관이며 중국국가 1급 도서관에 해당한다. 신관은 난징시 현무구 중산 동로에 위치하고 있으며 본관은 청시엔가(成贤街), 고서관은 롱판리(龙蟠里)에 위치한다. 2016년 말까지 난징도서관은 중국국가도서관과 상하이도서관에 이어 세 번째로 다양한 문헌을 소장하며 중국에서 세 번째로 큰 도서관이자 아시아에서 네 번째로 큰 도서관이다. 또한 고대 도서에 대한 첫 번째 국가 핵심 보호기관이며 장쑤성 문헌자원보존센터이다.

'석음상사(惜阴尚思), 계지명덕(启智明德)'은 난징도서관의 새로 설립된 교훈이다. 이름에서 알 수 있듯이 '석음상사'는 시간을 아끼고 사고를 숭상하

그림 3-16 | 난징도서관

라, '석음'은 학습을 강조하고 '상사'는 사고를 강조한다. '계지명덕'은 지혜를 고취시키고 모든 사람들의 도덕성을 완벽하게 만드는 이상적인 영역을 끌어내려고 노력한다. 이 8개 단어는 난징도서관이 전통문화정신을 계승하고자 하는 도서관의 성격과 기능을 정확하게 요약한 것이다.

2) 연혁

난징도서관의 본관은 1907년 청나라 주지사가 설립한 강남도서관으로 거슬러 올라간다. 신해혁명(辛亥革命) 후 도서관의 이름이 여러 번 변경됐다.

- 1927년, 대학지구체계의 실시로 인해 제4중산대학교 국학도서관으로 개칭했다.
- 1928년 5월, 국립중앙대학교 국학도서관으로 변경됐다.
- 1929년 10월, 대학지구체게가 폐지되었고 장쑤성 교육부 소속인 장쑤성국학도서관으로 명명됐다. 이 이름은 중화인민공화국 창립 초기에 사용되었으며, 동쪽 중국 군사 및 정치위원회 문화부가 주도했다.
- 1952년 10월, 난징국립도서관으로 병합됐다.
- 1933년 4월, 난징중화민국정부 교육부의 장부총(蒋复璁)에 의해 위임된 국립중앙도서관은 청시엔가(成贤街)로 위치를 이동했다.
- 1937년, 충칭으로 위치를 옮겼다.
- 1946년, 난징으로 들어왔다.
- 1950년 3월 19일, 중앙도서관은 중앙문화부의 명령에 따라 국립난징도서관으로 개칭했다.
- 1954년, 행정 구역은 폐지되었고, 장쑤성은 이미 성(省)을 설립하여 성급 수준의 도서관이 필요했다. 때문에 문화부는 7월에 국립난징도서관을 난징도서관으로 개칭하였으며, 난징도서관은 장쑤성 문화부가 관리한다.

3) 시설

난징도서관 신관은 2006년 11월에 완공되어 2007년 공개되었다. 또한 신관은 총통부(总统府) 맞은편인 난징의 따싱궁(Daxinggong, 大行宫) 구역에 위치하고 있다. 전체 설계 높이는 41.1m로 지하 2층에서 지상 9층으로 구성되며 건물면적은 25,200m^2, 건축면적은 약 78,000m^{2}이다. 그 중에 서고면적은 10,251m^2, 열람실면적은 17,998m^{2}이다. 열람실 좌석은 2,747개가 있으며, 그 중에 어린이열람실 좌석 440석, 점자열람실 좌석은 17석이다. 또한 컴퓨터는 1,163대가 있다.

4) 장서

(1) 장서 현황

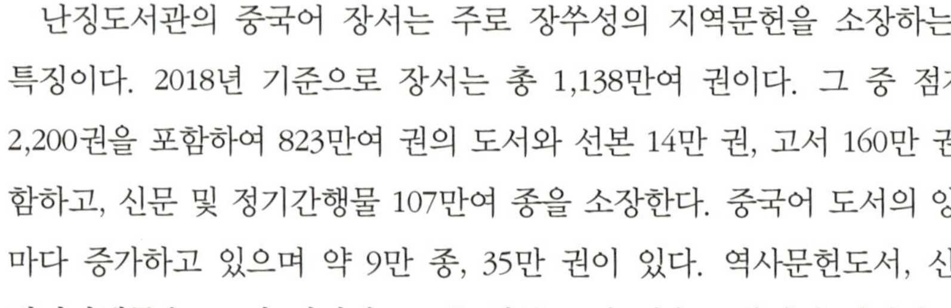

난징도서관의 중국어 장서는 주로 장쑤성의 지역문헌을 소장하는 것이 특징이다. 2018년 기준으로 장서는 총 1,138만여 권이다. 그 중 점자도서 2,200권을 포함하여 823만여 권의 도서와 선본 14만 권, 고서 160만 권을 포함하고, 신문 및 정기간행물 107만여 종을 소장한다. 중국어 도서의 양은 해마다 증가하고 있으며 약 9만 종, 35만 권이 있다. 역사문헌도서, 신문 및 정기간행물은 230만 권이며, 그 중 선본 10만 권을 포함하여 정리된 도서는 약 100만 권이다. 아울러 중화민국문헌으로 70만 권을 소장하고 있다. 중국

표 3-13 | 난징도서관의 장서 현황(2016년 기준)

구분	유형	수
도서	중국도서	7,140,000권
	서양도서	400,000권
	일본도서	120,000권
	러시아도서	140,000권
정기간행물	중국어	5,935종
	외국어	908종
신문	중국어	509종
	외국어	36종
고서	1949년 이전	1,600,000권
중화민국문헌	도서	400,000권
	정기간행물	10,000권
	신문	1,000권

어 정기간행물 5,935종이 있으며, 509종의 중국어 신문이 있다. 또한 외국어 도서는 60만 권이 있다. 그 중 서양문헌 40만 권, 일본문헌 12만 권, 러시아 문헌 14만 권이 있다. 그리고 서양 정기간행물 908종과 신문 36종이 있다.

(2) 전자자원

난징도서관 디지털자원에는 '중국지망(中国知网),' '한당 컬렉션(瀚堂典藏)' 및 'Proquest' 등 50여 종 관외 구입 데이터베이스와 자체 구축 데이터베이스가 포함되어 있으며 이용자는 도서관에서 무료로 이용할 수 있다. 시청각자료는 301,138점이 있고 마이크로자료 42,049점이 있다. 그리고 전자자원으로 총 1,451,168점을 제공한다. 그 중 자체 구축자원 87,949점이 있으며 관외 구입자원은 1,363,219점이 있다. 관외 구입자원은 국제협업, 전자책, 중국어 데이터베이스 및 외국어 데이터베이스로 구분된다. 동시에 관내 자체 구축자원은 지역문헌자원을 포함하여 장쑤성의 특색문화 전시를 위한 지역문화유산, 지역명인, 역사문화 등을 소개한 36개 주제의 전자자원이 있다. 난징도서관은 지역특색을 기반으로 11개 데이터베이스를 구축하고 있다.

표 3-14 | 난징도서관 자체 구축 데이터베이스

구분	내용
장쑤성 유형문화유산 데이터베이스	고대 유적, 고대 무덤, 고대 건축물, 동굴 사원과 돌 조각, 현대의 중요한 유적지, 대표적인 건물, 기타 등 역사적인 문화유산을 전시한다.
장쑤성 특색박물관	장쑤성의 특색문화 전시를 위한 박물관으로 회양요리, 양주분제, 연운항 역사, 발해 철도 역사, 난통연, 난통 전면적인 파란(蓝印花布), 실크 매트(丝毯), 소주 평탄(评弹), 타오화우(桃花坞) 목판화, 옥기, 조판인쇄(雕版印刷), 차문화, 조운(漕运), 식초문화, 해염, 종이 오림, 중국 민족음악, 토우(泥人), 회계감사, 도자기, 주산(珠算), 구름 비단(云锦), 방직(纺织), 지앙화이극(江苏淮剧) 등 다양한 박물관이 있다.
장쑤성 근현대 명인	장쑤성의 각 사회 분야의 유명한 사람들을 소개한다.
장쑤성 명인의 거주지	장쑤성의 유명한 역사 인물들의 거주지를 전시한다.
장쑤성 무형문화유산	가오유(高邮) 민요, 혜산 토우, 강남 관현악, 난징 구름 비단 방직 공예, 친화이 등재(秦淮灯彩), 친화이 관등회, 쑤저우 자수(苏绣), 곤곡(昆曲), 쑤저우 지수향(甪直水乡) 여성의류, 소주 핑탄, 도교 음악, 타오화우(桃花坞) 목판화, 주석 연극, 양주 연극, 양주 분재, 양주 종이공예, 양주 철기, 양주 칭구(清曲), 양주 옥 조각, 난징 백국(白局)이 있다.

구분	내용
장쑤성 레드투어(혁명투어)	장쑤성에 있는 중국공산당 전쟁 당시의 사람들의 역사, 혁명적인 행위 및 정신을 함축적으로 지니고 있는 기념비적인 장소와 랜드마크 등을 투어한다.
희귀 장쑤성 지방지 원문 데이터베이스	2008년 이후 PS5000C는 아카이브 및 잡지를 분해하지 않고도 컬렉션의 희귀본을 스캔 및 복사하는 데 사용되었다. 한편, 출판사와 협력하여 '난징도서관 소장 희귀 지방지 총서'의 스캔 이미지를 출판하고 '난징도서관 소장 희귀 지방지 원문 데이터베이스'를 만들었다. 각 책에는 볼륨별로 요약된 요약본이 있으며, 2,987번의 촬영을 통해 데이터가 구축된다.
장쑤성 문화 데이터베이스	이 웹 사이트는 장쑤성의 문화자원의 발굴, 정리, 개발 및 활용에 전념하고 있으며 장쑤성의 선진문화를 전파하고 확산시킨다. 또한 문화 데이터베이스는 '인물 데이터베이스,' '작업 데이터베이스,' '관광 데이터베이스,' '문화민속 데이터베이스' 등 12개 장쑤성의 특색문화 정보자원 데이터베이스로 구성된다.
쉬뻬이홍(徐悲鴻) 탄생 110주년 기념	중국 유명 화가인 쉬뻬이홍의 탄생 110주년을 기념하여 데이터를 전시한다.
장쑤성 5성 공학 데이터베이스	장쑤성 문학 및 예술 작품 창작을 위한 '장쑤성 5성 공학 데이터베이스'는 장쑤성 문화부에 의해 주정부의 대중문학 및 예술 창작의 발전과 발전을 촉진시키기 위해 수립되었다. '5성'은 음악, 춤, 미술(서예, 촬영 포함), 연극(곡예, 단막극 포함) 및 문학 등 다섯 가지 작품을 말한다.
백년 상표	백년 이상의 사회적 영향력이 큰 상표권을 전시한다.

(3) 특색자원

① 경공업과 방직공업 예술잡지

난징도서관의 경공업과 방직공업 예술잡지는 일본어, 영어, 프랑스어, 이탈리아어, 홍콩 및 대만에서 수집한 200종류가 넘는 저널로 섬유 및 의류 샘플, 패션 디자인, 미술 사진, 건축 장식, 중국 및 외국 영화의 주제를 다룬다. 이 저널의 대부분은 주요 선진국에서 선정된 저널로 내용이 풍부하며, 특히 섬유, 의류, 신발, 모자 등 경공업 제품이 많다. 경공업 제품의 디자인 및 색상 디자인은 상대적으로 완벽하며 자급식 시리즈는 높은 참고 가치가 있다.

② 점자도서

난징도서관과 난징장애인연합은 1990년에 시각장애인 오디오북도서관을 설립했다. 이 도서관은 장쑤성에서 시각장애인을 위해 봉사하는 최초의 도서관이다. 시각장애인의 특성에 따라 기록 데크, VCD(비디오CD), CD 플레이어, 빠른 더빙 머신, CD 레코더, 컴퓨터, 레코딩 제작 장치 등을 갖추고 있다. 또한 점자도서 1,500권, 테이프 16,000점, CD 2,000점 이상을 소장하고 있다. 소장 자료의 내용은 정치, 법률, 의학, 교육, 문학 및 예술을 다루며 전화상담, 예약, 현장서비스, 집단 대출 지점서비스 구축, 시각장애인용 오디오도서 무료 복사 및 다양한 형태의 시각장애인 이용자활동을 지원한다.

5) 조직

난징도서관의 직원은 총 531명이다. 전문기술직원은 487명이며, 그 중 고급전문기술직원은 18명이고 부고급전문기술직원은 82명, 중급전문기술직원

그림 3-17 | 난징도서관 조직도

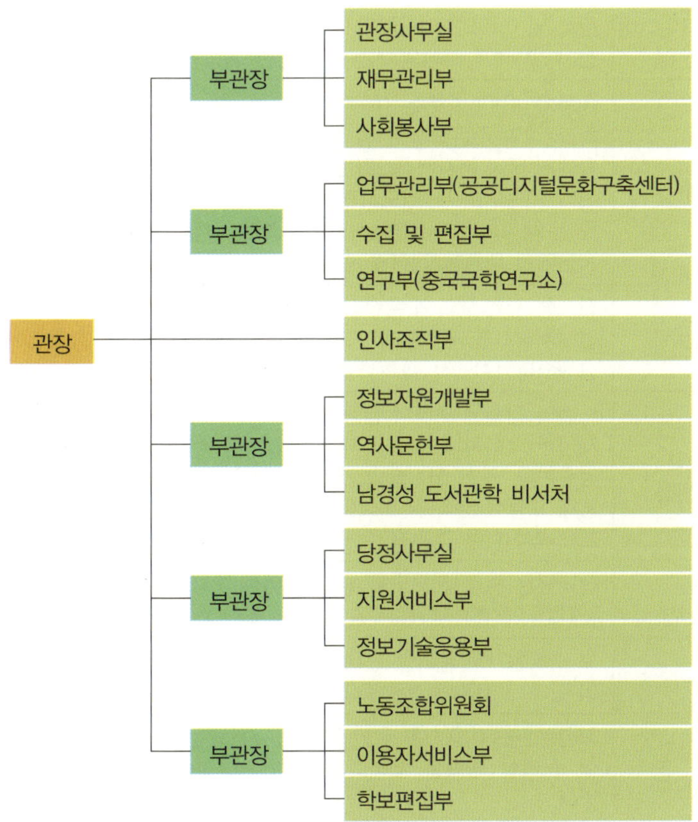

은 169명으로 집계되었다(2016년 난징도서관 연간보고서).

6) 서비스

난징도서관은 일년 내내 열람, 대출, 참고봉사, OPAC 검색, 데이터베이스 검색, 문헌 배달, 상호대차, 자동차도서관(이동도서관), 강좌, 전시회, 교육 및 이용자활동 등 서비스를 제공한다. 난징도서관 내에서 여섯 왕조 유지

표 3-15 | 난징도서관서비스

기능	내용
여섯 왕조 유지(六朝遗迹, 육조유적) 전시구역	여섯 왕조 유지(六朝遗迹, 육조유적) 전시구역은 난징도서관 건설 중에 여섯 왕조 시대의 양왕조(梁朝) 건강성(建康城)의 유적지가 신관을 건설할 때 발견되었다. '소멸의 황궁'을 테마로 유적지 일부는 유리 바닥으로 보호되어 무료로 이용자에게 개방되는 특별전시장을 조성한다. 유리 바닥을 통해 이용자는 고대 차선, 배수로 및 고대 우물 등 유지를 굽어볼 수 있다.
문화 및 아이디어 제품센터	문화 및 아이디어 제품센터는 제품 판매, 어린이 문화 창조 경험, 카페, 전시 및 레저 좌석의 기능을 결합한 개방형 혼합 공간이다.
혜풍서당(惠风书堂)	혜풍서당(惠风书堂)은 '혜풍서당'과 '타오 스타일(陶风采) ㅡ 책을 선택하라, 내가 주문할게' 건설 프로젝트는 난징도서관이 지방문화부의 '대중에게 문화 봉사서비스하는' 요구에 따라 시작한 두 가지 중요한 방안이다. 이용자는 난징도서관의 '혜풍서당,' 난징의 신화서점(新华书店) 및 봉황(凤凰)국제서점에서 추천도서를 직접 선택할 수 있으며 동시에 서점에서 대출을 신청할 수 있다.
장쑤 작가 작품 전시관	장쑤성 관련 명가의 문헌집과 이를 기반으로 한 영화 및 TV 드라마의 검색서비스를 제공한다. 또한 명강사 강의, 신간 서적 회의 및 작품 감상 등 다양한 행사를 개최한다.
노벨티 검증센터	노벨티 검증은 노벨티 검증기관이 신규 고객의 요구에 따라 위탁인이 제공한 과학적 및 기술적 내용 노벨티를 확인하고 그 내용의 신규성을 검증한다. 또한 신기술의 새로운 운영규칙에 따라 다양한 검색방법을 통해 포괄적 분석 및 비교문헌을 사용하여 조사를 수행하고 이 프로젝트의 참신함은 객관적인 사실에 근거해 노벨티보고서를 제공한다.
십덕당(十德堂)	십덕당은 중국 전통문화 홍보를 위한 '인(仁)' '의(义)' '예(礼)' '지(智)' '신(信)' '효(孝)' '제(悌)' '충(忠)' '염(廉)' '치(耻)'로 명명한 공간이다.
고서 복원관	고서 복원관은 종이창고, 복원작업코너, 장비코너, 실험 구역 및 훈련실이 있다. 고서 복원관은 중국의 현재 최대 전문고서 복원실 중 하나이다.
화창문원(和畅文苑)	화창문원은 이용자를 위한 맞춤형 독서체험 장소이다. 이 방에는 자습실, 창의실, 낭독실, 세미나실, 체험실 및 훈련실 등 여러 체험 장소가 있다.

(六朝遗迹, 육조유적) 전시 구역, 문화 및 아이디어 제품센터, 혜풍서당(惠风书堂), 장쑤 작가 작품 전시관, 노벨티 검증센터, 십덕당(十德堂), 고서 복원관 및 화창문원(和畅文苑) 등과 같은 특성화서비스도 제공하고 있다.

(1) 사회교육

2017년의 난징도서관은 강좌 106회, 전시회 40회를 개최하였다(2018년 난징도서관 홈페이지).

표 3-16 | 2017년 난징도서관 활동

구분	활동 횟수
강좌	106
전시회	40
교육	-
기타활동	-
계	146

(2) 문헌지원서비스

난징도서관의 사회서비스기능을 최대한 발휘하고 도서관서비스 네트워크 시스템을 더욱 개선하기 위해 난징도서관은 성 전역에 걸쳐 50개의 표준화되고 규범화된 네트워크서비스를 제공한다. 주로 이용자서비스를 제공하고 있는 현 도서관을 선택하여 중앙관인 난징도서관은 분관의 실제 요구에 따라 정기적으로 일정량의 문헌자원을 제공한다.

(3) 중국학 관람안내

중국학 관람안내는 중국 국학을 촉진하기 위해 연구자에게 편의성을 제공할 뿐만 아니라 일반이용자들이 가까운 거리에서 중국문화를 느낄 수 있도록 한다. 주로 학술논문이나 신문을 제공하며 '국학현람당(国学玄览堂),' '국학연구,' '중화학술' 및 '국제한학(国际汉学)' 네 부분으로 나누어진다.

7) 프로그램

(1) 고서 복원지원(古籍认修)

대중에게 고서 복원사업에 가까워질 수 있는 기회를 제공하고 고서 복원의 중요성을 이해하기 위해 난징도서관은 귀중한 도서에 대한 기부 및 복원 활동을 시작했다. 온라인으로 보수 복원 고서 카탈로그를 발간하여 서약을 기약하면 난징도서관은 명예증서를 발행하고 수리 전후 사진을 기증자에게 보낸다.

(2) '낭독자'활동

'낭독자' 프로그램은 2017년 CCTV 방송에서 제작한 대규모 문화 및 정서 프로그램이다. 이 프로그램은 개인적인 성장, 정서적 경험, 배경 이야기 및 명작을 청중에게 전달하여 아름다운 문장을 통해 문자 속의 가치를 청중에게 들려준다. '낭독자' 오프라인활동 '그 사람을 위한 낭독'은 난징도서관에서 시행되고 있다.

그림 3-18 | '낭독자'활동

내용 및 사진출처

고서 복원지원(古籍认修). (2018.12.22.).
http://www.jslib.org.cn/pub/njlib/njlib_zcwm/njlib_gjrx/

난징도서관 개요. (2018.12.22.).
http://www.jslib.org.cn/pub/njlib/njlib_ntgk/201701/t20170109_150736.htm

난징도서관 문헌지원서비스. (2018.12.22.).
http://www.jslib.org.cn/pub/njlib/njlib_hdzn/200507/t20050721_2408.htm

난징도서관 바이두백과. (2018.12.22.).
https://baike.baidu.com/item/%E5%8D%97%E4%BA%AC%E5%9B%BE%E4%B9%A6%E9%A6%86#reference-[16]-122276-wrap

난징도서관 위키피디아. (2018.12.22.).
https://zh.wikipedia.org/wiki/%E5%8D%97%E4%BA%AC%E5%9B%BE%E4%B9%A6%E9%A6%86

난징도서관 장서. (2018.12.22.).
http://www.jslib.org.cn/pub/njlib/njlib_gczy/njlib_zwsk/

백년 상표 룽패(龍牌). (2018.12.22.).
http://www2.jslib.org.cn/was5/web/indexsh.htm

여섯 왕조 유지(六朝遺迹) 전시구역. (2018.12.22.).
http://www.gov.cn/jrzg/2006-09/04/content_376812.htm

중국학 관람안내. (2018.12.22.). http://www.jslib.org.cn/jslib_gxdl/

2016년 난징도서관 연간보고서
http://www.jslib.org.cn/pub/njlib/njlib_ntgk/njlib_jhynb/201708/t20170829_155638.htm

4. 중국과학원 문헌정보센터

- 주소 : 북경 중관촌 제4환로 북로 33번지
- 전화 : +86 10 8262 6611
- 팩스 : 010-82626600
- 홈페이지 : http://www.las.cas.cn/gkjj/gqjs

1) 도서관 개요

중국과학원 문헌정보센터(국가과학도서관)는 중국과학원을 기반으로 문헌정보지원, 전략적 정보연구서비스, 공공정보서비스 플랫폼 등을 지원한다. 주로 자연과학, 한계과학(marginal science) 및 최첨단 분야의 과학 및 기술의 독립적 혁신을 위한 역할을 한다. 동시에 국가 과학기술 문학 플랫폼과 공동 개발 및 공유를 통해 국가 혁신시스템의 다른 영역에 있는 과학연구기관에 정보서비스를 제공한다. 또한 중국과학원 문헌정보센터는 도서관학 및 정보학의 두 분야에서 석・박사학위 교육기관이며 국제도서관협회 및 IFLA연맹의 회원이다.

그림 3-19 | 중국과학원 문헌정보센터

2) 연혁

- 1950년 4월, 중국과학원은 도서관 관리소를 설립하였고 공식적으로 '중국과학원도서관'으로 지명됐다.
- 1955년, 〈중국과학원도서관 분류법 약표〉를 편집 출판했다.
- 1957년 9월, 국무원의 제57회 총회에서 중국과학원도서관을 전국 중앙도서관위원회 위원으로 승인했다.
- 1976년 10월, QT−11 컴퓨터 문헌검색시스템을 시험했고 다음해인 1977년 12월, 과학정보연구소 설립을 준비했다.
- 1985년 11월, '중국과학원 문헌정보센터'로 명칭이 변경됐다.
- 1986년, 도서관학 및 정보학 분야 석사학위 교육기관으로 선정됐다.
- 1987년, 국제 온라인 검색 단말기를 출시했다.
- 1993년, 도서관학 박사교육과정이 개설됐다. 그해 4월, APTLIN 프로젝트(중관촌 지역 서목 문헌정보공유시스템)를 시행했다.
- 1995년, 난징대학교와 과학기술정보학 박사학위 공동 교육기관으로 선정됐다. 1995년 6월, 인터넷 네트워크서비스가 개설됐다.
- 2000년 6월, '국립과학기술 도서문헌센터' 설립에 참여했다. 이로 인해 국립과학도서관의 기능과 업무를 맡았다.
- 2001년 10월, 중국과학원 지식 혁신 시범사업에 참여하였으며, 그해 12월, 국립과학디지털도서관 건설사업에 착수했다.
- 2001년, 중국과학원 지식 혁신 시범 프로젝트에 참여하였으며, 국립과학디지털도서관의 건설을 주도하고 문헌정보시스템을 공동으로 구성하여 디지털 네트워크 과학기술정보 통합서비스시스템을 구축했다.
- 2002년 6월, 신관을 공식적으로 개방했다.
- 2006년 3월, 중국과학원 문헌정보센터를 마련했다.
- 2014년 3월, 중국과학원의 문헌정보센터를 본관으로 하고, 란저우 문헌정보센터, 청두 문헌정보센터 및 우한 문헌정보센터가 지역문화센터이다(2018년 중국과학원 문헌정보센터 홈페이지).

3) 시설

2006년 3월, 중국과학원 문헌정보센터의 본관은 베이징에 위치하고 있으며, 동시에 란저우, 청두, 우한에 3개의 지역 문헌정보센터를 두고 있다. 그 외에도 여러 연구소와 학교에 지사를 설립하여 운영하고 있다. 본관의 건축 면적은 80,000m^{2}이며 네트워크를 기반으로 한 과학기술정보서비스를 빠르고 편리하게 이용할 수 있도록 제공한다.

그림 3-20 | 중국과학원 문헌정보센터 내부

그림 3-21 | 란저우 문헌정보센터(좌), 청두 문헌정보센터(중) 및 우한 문헌정보센터(우)

그림 3-22 | 선도기

4) 장서

1,680개의 연구소와 협력하여 64개 국가 플랫폼 정기간행물 데이터베이스를 개방했고, 171개 온라인 데이터베이스, 18개 백트래킹(backtracking) 데이터베이스와 2개 국가도서관의 국가 라이선스 데이터베이스를 제공한다. 외국어 원문 과학기술 저널 16,836종, 외국어 도서 11만여 권, 외국어 참고도서 3만여 권, 외국어 의사록 45만여 권, 외국어 학위논문 60만여 편, 외국어 업계보고서 171만여 편, 중국어 도서 35만여 종의 38만여 권, 중국어 정기간행물 17,201종, 중국어 학위논문 311만여 편이 있다. 중국과학원 원문 데이터베이스 사용량은 총 5,192만여 편, 2차 문헌 및 참고형 자원은 2,034만여 편으로 집계되었다(2018년 중국과학원도서관 홈페이지).

(1) 국방문헌

중국과학원의 통합정보 검색시스템에는 학술지, 과학기술보고서, 회의문헌, 표준문헌, AIAA 및 기타 국방 관련 문헌 등이 포함된다. 이 시스템에는 중국국방과학기술보고서, 회의문헌 및 군사표준 및 기타 분야에 관한 총 약 653편의 기사가 포함되어 있다.

(2) 고서문헌

중국과학원 문헌정보센터는 당나라 사경, 서하 문자 사본, 송판본 원가본 및 다수의 사본, 필사본, 명인 서화, 계약서, 계보 등을 포함한 50만 권의 고서를 소장하고 있다.

(3) 문헌 데이터베이스

2015년 6월 기준 문헌정보센터(3개 지역 문헌정보센터 포함)는 국가 플랫폼을 통해 44개의 데이터베이스 및 통합 오픈 액세스 데이터베이스 20개를 제공한다. 국가과학원에서 연구 사용자는 약 18,000종의 외국어 정기간행물, 99,000권의 외국어 도서, 7,000권의 외국어 참고도서, 38,000권의 외국어 의사록, 48만여 편의 외국어 학위논문, 163만여 편의 외국어 업계보고서, 중국어 도서 약 35만 종 37만 권, 중국 정기간행물 17,000종, 중국 학술논문 247만 편 등을 이용할 수 있다. 또한 63개 외국 원문문헌 데이터베이스, 32개 외국어 다이제스트 색인 및 사실 데이터베이스, 6개 중국어 원문문헌 데이터베이스, 5개 중국어 사실 참고문헌 데이터베이스, 중국 멀티미디어 데이터베이스를 제공한다.

(4) 디지털자원

2015년 6월 기준 중국과학원 문헌정보센터에는 146개의 원문 데이터베이스(6개의 중국어 원문 데이터베이스 포함) 및 36개의 2차 문헌 및 참고문헌 데이터베이스를 포함하여 192종의 다양한 유형의 디지털자원이 있다.

5) 조직

중국과학원 문헌정보센터는 이사회 산하의 주임책임제를 시행하고 있다. 문헌정보센터는 중국과학원 직속 사업법인과 중국과학원 란저우 문헌정보센터, 중국과학원 청두 문헌정보센터와 중국과학원 우한 문헌정보센터 3개 2급 사업법으로 구성된다.

중국과학원 문헌정보센터는 정보시스템 및 지식컴퓨팅센터, 자원건설 및 지식조직센터, 정보분석 및 지식산물연구개발센터, 이용자서비스 및 지식전파센터, 도서관 및 지식학습센터, 국가과학원역사 및 문화교류센터, 지식기

그림 3-23 | 중국과학원 문헌정보센터 조직도

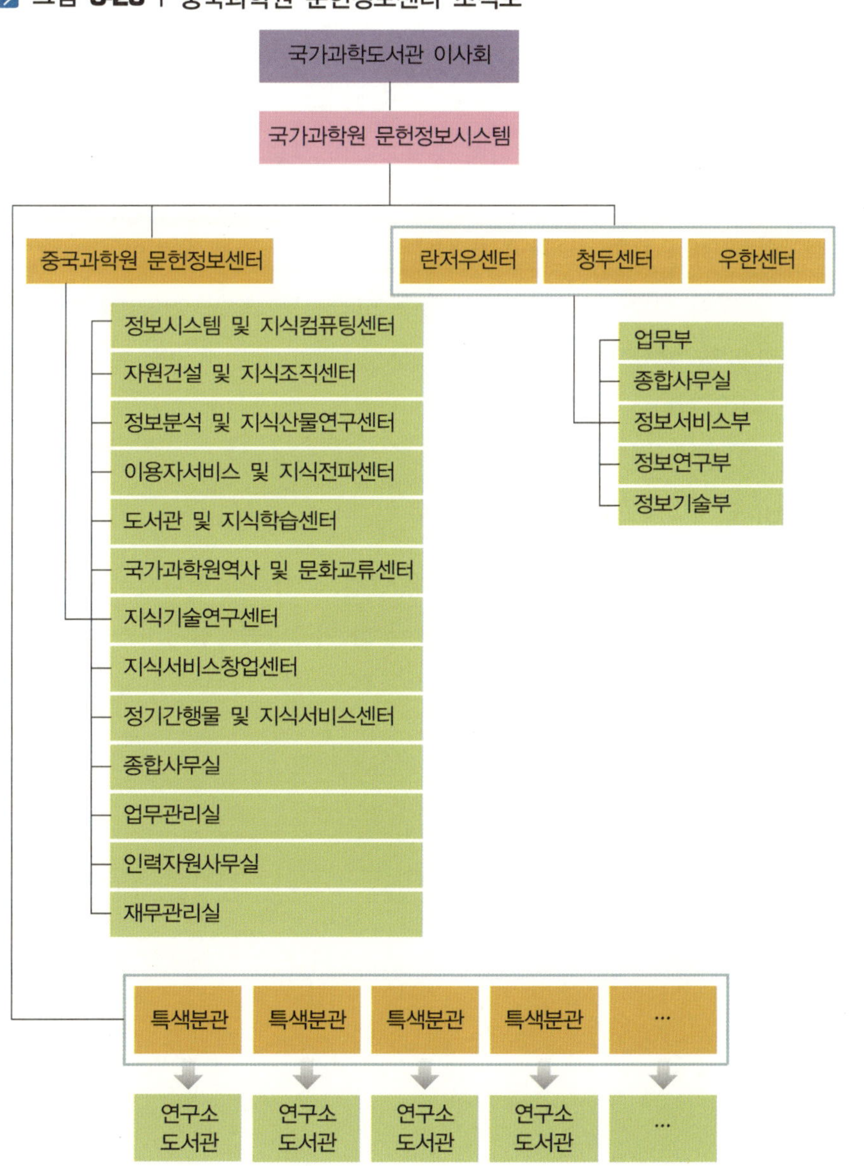

술연구센터, 지식서비스창업센터, 정기간행물 및 지식서비스센터, 종합사무실, 업무관리실, 인력자원사무실, 재무관리실 등의 13개 부서가 있다.

란저우센터에는 전략정보연구부, 지역발전연구부, 과학기술자문서비스부, 문헌정보서비스부, 자원시스템건설부, 저널편찬출판부, 종합업무부 등 7개 부서가 있다. 아울러 청두센터에는 전략정보부, 학과자문서비스부, 지역발전자문부, 정보서비스부, 인터넷과 정보시스템부, 저널출판부, 과학기술부, 종합사무실, 재무관리실 9개 부가 설치되어 있으며, 우한센터에는 정보연구부, 학과자문부, 정보시스템부, 산업기술분석센터, 업무처, 종합사무실, 재무관리실 등 7개 부서가 있다.

전 센터의 직원은 총 602명이며 중국과학원 문헌정보센터 310명, 란저우센터 114명, 청두센터 91명, 우한센터 87명이 있다. 전문기술자는 총 515명으로 중국과학원 문헌정보센터 276명, 란저우센터 83명, 청두센터 76명, 우한센터 80명이 있다. 문헌정보센터의 총 고급전문기술자 58명, 부고급전문기술자 140명, 박사학위 112명, 석사 265명, 대학 학부 165명, 기타 60명으로 구성되어 있다.

6) 서비스

중국과학원 문헌정보센터는 지식공유 공간, 과학문화 전파서비스, 기록서비스, 중국과학원 역사 전시관, 과학 및 문화 커뮤니케이션서비스 등과 같은 서비스를 제공한다.

표 3-17 | 중국과학원 문헌정보센터서비스

구분	내용
지식공유 공간	지식공유 공간은 중국과학원 대학원생 및 사회 이용자 대상에게 디지털 학술서비스, 인터넷서비스, 컴퓨터서비스, 과학인문문헌 열람서비스 및 교육교류 등 원스톱서비스를 제공한다. 그 중 디지털 학술서비스는 디지털 과학 전문문헌 제공, 과학연구 도구 소프트웨어 교육서비스, 디지털 전문지식 주제별 통합서비스 및 디지털 학술 개발연구 등의 서비스를 포함한다.
과학문화 전파 서비스	독립적인 기관이나 다양한 과학연구기관 및 교육기관과 협력하여 다양한 형태의 국제학술회의 및 기타 국제교류활동을 개최하고 일련의 과학 강의를 한다. 주요 과학기술 발전에 대한 내용으로 과학 전시회를 개최하고 주요 사회과학 및 기술행사와 함께 과학 서적 전시회 및 과학문화 전파를 실현한다.
기록서비스	중국과학원 기록관은 2001년 공식적으로 설립되어 국립과학도시관 업무의 일부가 되었다. 기록관은 다양한 종류의 중국과학원 기록 역사자료를 영구 보존하는 기지이며, 중국과학원의 중요한 기록정보센터이다. 또한 과학 및 기술 아카이브 105권의 컬렉션을 소장하고 있으며, 파일 쿼리 및 디지털서비스를 제공한다.
중국과학원 역사 전시관 운영	전시회는 '재단과 기업가정신(1949~1955),' '중국 과학 기관차(1956~1966),' '불안의 10년에서 과학의 봄까지(1966~1980),' '개혁과 탐험(1981~1997년),' '지식 개발 프로젝트(1998~2010),' '새로운 발전시기'와 주요 역사 인물 기념관은 수많은 그림, 사물 및 모형과 함께 중국 과학 발전에 대한 내용을 전시한다.
과학 및 문화 커뮤니케이션 서비스	과학 및 문화 커뮤니케이션서비스 플랫폼은 다양한 유형의 과학 및 문화정보자원을 디지털 방식으로 처리 및 통합하고 우수한 과학 및 문화 정보의 공동 구축 및 공유를 실현한다.

내용 및 사진출처

중국과학원 문헌정보센터 연혁. (2018.12.22.).
http://www.las.cas.cn/gkjj/lsyg/

중국과학원 문헌정보센터 장서. (2018.12.22.).
http://www.las.ac.cn/subpage/Information_Content.jsp?InformationID=6159

중국과학원 문헌정보센터 조직도. (2018.12.22.).
http://www.las.cas.cn/gkjj/zzjg/

중국과학원 문헌정보센터 2016년 연간보고서
http://www.las.cas.cn/qtgn/zt/zhxnb/201803/P020180316596547331086.pdf

5. 베이징대학 도서관

- 주소 : 베이징시 해정구(海淀区) 이허위안(颐和园)로 5번지
- 전화 : +86 10 6275 1051
- 팩스 : 86-10-62761008
- 홈페이지 : http://www.lib.pku.edu.cn/portal/cn

1) 도서관 개요

베이징대학도서관(북경대학도서관)은 중국에서 가장 초기에 새로운 형태로 변화한 현대도서관 중 하나이며, 최초의 국가 중요 고서를 보호하는 기관이다. 또한 최신성과 포괄성을 갖춘 풍부한 자원을 소장하여 연구형 도서관으로 발전했다.

그림 3-24 | 베이징대학도서관

2) 연혁

- 베이징대학도서관의 본관은 1898년 설립된 경사대학당(京师大学堂) 장서각(藏書閣)이다.

- 1912년 5월 3일, 중화민국정부는 경사대학당을 베이징대학도서관으로 명칭을 변경하자는 교육부의 요청을 허가했으며, 이후 장서각을 공식적으로 베이징대학도서관으로 개칭했다.
- 1937년 8월, 항일전쟁이 발발하면서 도서관이 남쪽으로 이동하기 시작했고, 모든 장서는 일본에 의해 점령됐다.
- 1945년, 항일전쟁 승리 후 정부대표가 베이징대학도서관을 돌려받았다.
- 1952년, 베이징대학도서관은 원래의 연경대학도서관과 합병했다. 그로 인해 75만 권의 장서가 베이징대학도서관에 통합되며 총 장서는 160만 권으로 증가했다.
- 1975년, 캠퍼스 중앙에 신관이 지어졌으며, 당시의 중국 건축면적 최고의 도서관이 됐다.
- 2000년 베이징대학은 베이징의과대학과 합병하였다. 이에 원래 베이징의과대학도서관은 베이징대학 의학도서관으로 개칭하였으며, 생물학, 의학, 위생학 및 약학 등을 중심으로 자료를 수집하여 제공했다.
- 2005년에 오래된 본관을 오버홀하고 본관과 신관을 통합했다. 신관 및 본관의 총 면적이 53,000m^2, 열람석 4,000석, 장서량은 650만 권이며, 아시아의 가장 큰 대학도서관이다(2018년 베이징대학도서관 홈페이지).

그림 3-25 | 경사대학당 장서각

3) 시설

베이징대학도서관 건물은 1975년에 건립된 서루(본관)와 동루(신관)로 구성된다. 신관은 전통적인 연원(燕园)건축 스타일뿐만 아니라 현대적인 분위기를 지니고 있으며, 지하 2층 지상 7층으로 총 건축면적은 26,680m²이며 총 높이는 37m이다. 아울러 중심 건물과 2개의 부속 건물로 이루어져 있고 본관의 동쪽과 연결되어 있다. 외관이 본관과 완벽하게 조화를 이루고 있으며 신관과 본관은 1층에서 4층까지 동일한 수준으로 연결된다. 또한 내부와 본관은 하나로 통합되어 같은 공간이 되었다. 아울러 의학도서관은 10,200m²의 건축면적을 가지고 있으며 744개의 열람석이 있다. 2004년 5월에서 2005년 7월까지 본관은 현대도서관의 요구 사항에 따라 광범위하게 개조되고 수리되었다. 2009년에 중국의 최초 원격 저장도서관은 150개의 열람

표 3-18 | 베이징대학도서관 시설 안내

구분	기능
고서 열람실	고서 열람실은 베이징대학도서관이 소장한 선본, 탁본, 지도 등의 원문자원과 영인본, 마이크로필름, CD, 고서 데이터베이스 등과 같은 전자자원을 제공한다.
음악오디션실	음악오디션실은 영화 및 TV 음악교육, 영화 및 TV 음악오디션, 회의 및 교육활동 등을 제공한다. 또한 장소 임대 예약서비스를 제공할 수 있다.
수업참조도서 열람실	수업참조도서 열람실은 각 학과 교수의 지정도서를 제공한다.
계선림, 장지련, 전단승 기증도서 열람실	계선림(季羡林), 장지련(张芝联), 전단승(钱端升) 기증도서 열람실은 개가식으로 제공한다.
디지털응용체험코너	디지털응용체험코너는 Kindle 시리즈의 E-book리더, Windows 시리즈의 태블릿, Apple 컴퓨터 및 iPad와 같은 새로운 디바이스 체험을 제공한다.
숙백 기증도서 열람실	숙백(宿白) 기증도서 열람실은 주로 고고학 측면의 문헌을 제공한다.
북대문고	북대문고는 베이징대학 교수와 학생의 여러 종류의 학술작품을 수집 및 보존하여 개가식으로 제공한다.
특별장서 열람실	특별장서 열람실은 1980년 이전 동·서양 문학 컬렉션, 연경대학 도서, 명가 기증도서, 중국·독일 합회 및 중국·프랑스 대학의 오래된 컬렉션, 유럽연합문헌, 영국 및 미국 정부의 외교 기록 마이크로필름 및 기타 서양 귀중한 문헌을 개가식으로 제공한다.

석을 가지고 있으며 약 5,000m²의 면적으로 지어졌다. 게다가 30개 이상의 분관 약 17,000m²의 면적과 함께 베이징대학도서관은 85,000m²의 총 건축 면적을 가지고 있으며, 800만 권의 책을 수용할 수 있고 열람석 약 5,000개까지 설정할 수 있다. 또한 2017년에는 고서관을 추가로 설립했다.

2015년을 기준으로 베이징대학도서관은 본관, 의학관, 38개 분관 및 서고로 구성되어 있으며 총 면적은 약 90,000m²이며 본관의 총 면적은 약 53,000m², 열람석은 4,000개가 있다.

베이징대학도서관의 세부 시설을 살펴보면 고서열람실, 음악오디션실, 수업참조도서열람실, 계선림, 장지련, 전단승 기증도서 열람실, 디지털응용체험코너, 숙백 기증도서 열람실, 북대문고 및 특별장서 열람실 등과 같은 학습연구를 위한 설치된 공간 등이 있다.

4) 장서

2015년 기준 본관 및 분관의 총 장서량은 약 1,100만 권이다. 그 중 800만 권이 넘는 종이 컬렉션과 최근 몇 년 동안 중국의 국내 및 국제디지털자료

표 3-19 | 베이징대학도서관 장서(2015년 기준)

구분	본관		의학관	
	종	수	종	수
도서	2,880,000	4,970,000권	1,488,000	34.94권
신문	40,000	–	–	–
정기간행물	43,957	651,522권	–	146,138권
학위논문	73,801	73,801편	13,663	13,663편
고서(선본 포함)	–	1,500,000종	–	–
선본	20,000	200,000종	–	–
탁본	44,713	81,781종	–	–
전자저널	–	55,092종	4,811	–
전자신문	–	1,126종	–	196종
전자책	–	2,812,822종	80,229	90,421종
멀티미디어	29,756	52,674점	3,061	3,061점
데이터베이스	497	521개	–	96개

가 도입 및 자체제작되었으며 다양한 데이터베이스, 전자저널, 전자책 및 멀티미디어자원의 3백만 점을 포함한다. 도서관 장서에는 150만 권의 중국고서가 있으며, 그 중 5세기부터 18세기까지 20만 권의 귀중한 서적을 포함한다. 이는 중국민족의 문화재로 국무원에서 국가중요고서보호단체로 선정되었다. 외국어 선본, 금석 탁본 및 1949년 이전에 출판물의 수집은 중국국내 도서관에서 최고이며 연구자들이 소중히 여기는 자원이다. 또한 연경대학교의 학위논문 및 유명인 기부금과 같은 특별소장품도 있다(2018년 베이징대학도서관 홈페이지).

(1) 일반도서

베이징대학도서관이 소장한 중국어 및 외국어 도서는 263만여 종이며 그 중에 영어 도서를 포함한 외국어 종류는 30개 이상이다. 또한 중국어 및 외국신문과 정기간행물은 4만여 종이며 주로 영어신문 및 정기간행물을 소장한다. 수집 도서의 연간 성장률은 5만 개를 상회하며, 신문과 정기간행물의 연간 성장률은 5,000여 종이 넘는다.

(2) 고서

고서는 베이징대학도서관의 가장 중요한 소장품 중 하나이다. 고서의 총 수는 150만 권에 이르렀으며, 그 중 2만여 종, 20만 권 넘는 선본이 있다. 또한 2008년부터 베이징대학도서관이 보유한 352부의 고서선본은 국무원이 승인하고 문화부가 선정한 국가 희귀도서 목록의 첫 번째로 선정되었다. 베이징대학도서관의 중요한 소장품 중에는 시대별로 나누면 돈황권자(돈황의 두루마리 사본) 288점, 원각본 300여 종, 명·청각본 약 1만 권이 있다. 출판국별로 나누면, 일본도서 2,000여 종과 한국도서 200여 종이 있다. 제작방법에 따르면 필사본, 원고 및 사본 9,000여 종, 활자본 3,000여 종으로 나누고 있다. 콘텐츠 유형별로 나누면 지방지 약 5,000여 종, 가보 2,200여 종 및 금석탁본 4만여 종, 8만 권이 넘는다. 그리고 여러 개의 소설희곡이 있다. 예를 들면 차왕부곡본(车王府曲本) 1,536종 및 중국 고대 지도의 2,000여 종을 소장하고 있다.

'베이징대학의 요령—베이징대학디지털도서관 고대문헌자원 데이터베이스'는 베이징대학도서관의 고서를 완전히 보여줄 수 있는 네트워크 플랫폼이다. 베이징대학도서관이 주도하는 '고대학문대학—대학고문헌 데이터베이스'는 베이징대학도서관을 비롯하여 중국의 24개 대학도서관에서 고서 60만여 점과 영사본 20만여 폭(幅), 전자책 83,000여 권을 소장하고 있다. 이는 세계에서 가장 큰 고서목록 데이터베이스 중 하나이다.

(3) 특색장서

베이징대학도서관의 특별소장품은 지방지, 청대 말기와 중화민국 시기의 신문 및 정기간행물, 중화민국 도서, 서양의 동양 문학 문고, 중국과 독일 합회의 고대 컬렉션, 중국과 프랑스 대학의 고대 컬렉션, 후인지(侯仁之) 기증도서, 방지동(方志彤) 기증도서, 후사맹(侯思孟) 기증도서, 유럽연합문헌, 영·미 정부 외교 기록 마이크로필름과 마이크로피시, 귀중한 서양문헌 및 학위논문, 베이징대학 문고, 계선림(季羡林) 기증도서, 장지련(张芝联) 기증도서, 전단승(钱端升) 기증도서, 단보림(段宝林) 기증도서, 숙백(宿白) 기증도서 및 대만문헌이 있다.

(4) 학위논문

베이징대학도서관의 학위논문체계는 베이징대학 학위논문, 연경대학 학위논문, 베이징대학 유명 교수의 학위논문 등이 있다. 그 중 베이징대학 학위논문은 1981년 이후 베이징대학교에서 졸업한 박사, 석사 및 일부 우수한 학사논문을 수집했다. 아울러 연경대학 학위논문은 유명한 학자들의 원고를 포함하여 연경대학교의 학사 및 석사학위논문 총 2,600편을 소장하고 있으며, 베이징대학교의 유명 강사 학위논문은 총 12종이 있다.

(5) 중화민국 신문 및 정기간행물

2016년 1월 기준으로 베이징대학도서관에는 청나라 말부터 중화민국까지 이르는 1만여 종의 신문 및 정기간행물이 있으며 그 중 과월호는 600여 종이 있다. 또한 수집가와 연구자들의 소중한 유일본과 희귀본을 많이 소장하고 있다.

5) 조직

베이징대학도서관의 직원은 15명의 박사, 82명의 석사, 74명의 학사 및 27명의 전문대학 졸업자로 구성되어 있으며, 총 247명의 직원이 있다. 그 중에 사서 158명, 계약직원 64명 및 근로자 학생이 25명이다. 다음은 베이징대학도서관의 조직도이다(2015년 베이징대학도서관 연간보고서).

그림 3-26 | 베이징대학도서관 조직도

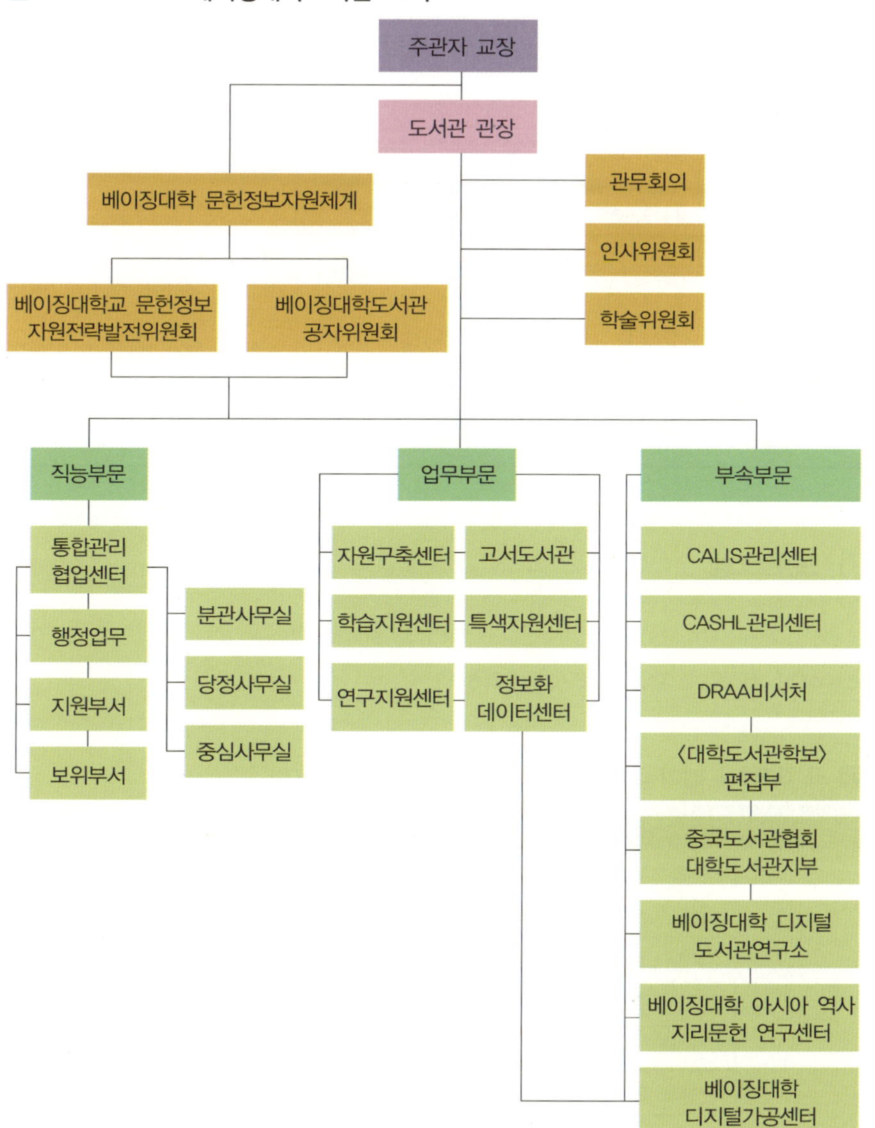

6) 서비스

베이징대학도서관은 연구지원센터, 고서도서관 및 특색자원센터 등을 중심으로 다양한 서비스를 제공한다.

표 3-20 | 베이징대학도서관서비스

구분	역할	업무 범위
연구지원센터	교수, 대학원생, 연구원을 대상으로 연구지원서비스를 제공, 베이징대학의 모든 부서에 학과서비스를 제공 및 전체 교수와 학생을 대상으로 정보 리터러시 서비스를 제공한다.	주제 사서 작업, 정보 리터러시 작업, 연구 및 의사결정지원 작업, 데이터 제공서비스
고서도서관	원판 고대문헌(주로 고서, 지도, 탁본)의 수집, 구입, 편목, 보관, 열람, 보호 및 전시 홍보 등 업무를 수행한다.	열람전시, 전장보호, 고서편목 및 탁본편목
특색자원센터	중화민국문헌, 서양귀중문헌, 교수기증도서, 베이징대학 직원과 학생의 학술저서 및 기타 중요한 근현대문헌과 원고를 수집, 정리, 연구 및 보존업무를 수행한다. 특색문헌서비스를 제공 및 학문적 가치와 사용 가치를 개발한다.	특색장서 열람실, 북대문고, 계선림, 장지련, 전단승 기증도서 열람실, 중화민국 낡은 신문과 정기간행물 및 대만문헌 열람실, 학위논문 열람실, 민속학 민간문학 열람실, 숙백 기증도서 열람실

7) 프로그램

베이징대학도서관은 여러 가지 독서 강좌 및 전시회를 개최할 뿐만 아니라 여러 대회와 독서활동도 개최한다.

표 3-21 | 베이징대학도서관 독서 강좌 및 전시회

구분	내용
독서 강좌	〈사회주의 토론－레닌의 문집〉 사회주의의 사고 및 탐색
	〈멀리 있는 향념〉 모택동 탄생 123주년 기념
	〈우리 없는 세상〉 인간과 자연의 변증법적 관계가 있다.
	우리의 중국
	〈간단한 인류의 역사〉 세계 책의 날
	인류의 차원: 영화 공상과학 및 오늘날의 세상

구분	내용
독서 강좌	영어 단어 뒤의 예술, 정치, 역사 및 인생
	이 크고 크다고 말하고 작고 작다고 말한 사랑—〈사랑의 사회학〉
	ppt 특강
	대사의 음악 영혼—〈음악감상〉
	〈치량지〉 특강
	연원(燕园)의 풀과 나무 및 현대사람의 박물학 리터러시
	베이징대학도서관 교수와 학생 '함께 책 읽기' 독서교류회
	모택동의 시사에 전략적 사상
	〈학술 및 정치〉
	〈마산(魔山)〉
	〈소년 바빌론〉
	〈생과부가 신선이 되는 전기〉
	〈부처는 뒤에 있다〉
전시회	북대 우수한 강좌 전시회
	'대창문고' 선본 전시회
	도서관 소장한 베이징대학교의 우수한 박사논문 전시회
	'중국고전 및 전통적 문화에 대한 연구 저서' 외국어 역본 전시회
	2013년 베스트셀러 목록
	연원의 연간—과거의 일로부터 미래를 알다.
	독서의 가장 좋은 때에는 연원의 봄이다.—"책을 알고 얼굴을 알고 마음도 알다" 독서 전시회
	신문화운동과 베이징대학교
	항쟁승리 사진 전시회
	연원의 사진대회 전시회
	傅海澜(Helen F. Hays) 컬렉션 사진 전시회
	연원 연가 데이터 쇼—베이징대학도서관 2015년 연말 데이터 총결산
	백학량(白鹤梁, Baiheliang Ridge)의 제각 탁본 전시회
	한먹(翰墨)독서, 서예의 전수와 계승
	2016년 베이징대학교 독서 보고
	2017년 베이징대학교 독서 보고
	이대교(李大钊) 베이징대학도서관 주임을 담당 100년 기념전시회

(1) 전국 대학교 데이터기반 혁신연구대회

빅데이터시대와 데이터의 집약적인 연구 패러다임의 출현으로 데이터를 기반으로 한 데이터연구, 공유 및 재사용하는 것이 학술연구의 새로운 트렌드가 되었다. 모든 분야의 대학생들이 데이터를 기반으로 혁신적인 연구를 수행하고 연구데이터의 보존과 공유를 장려하기 위해 국가정보센터, 빅데이터개발부와 베이징정보자원관리센터는 산업지도부서로서 최초의 국립대학교 데이터기반 혁신연구대회를 개최한다.

전국 대학교의 대학생, 대학원생, 박사과정 학생들이 참가 대상으로 1~5명이 한 팀으로 등록하며 팀에 지도교수가 필요하고 연구 내용은 다양한 주제 분야의 학술적 문제와 관련된다. 연구는 데이터에 근거한 관련 분석 및 결론을 포함하여 데이터에 기초한 연구를 수행할 필요가 있다. 연구자료를 논문 형식으로 제출해야 하며 결승에 참가하는 팀은 현장답변을 해야 한다.

그림 3-27 | 제1회 전국 대학교 데이터기반 혁신연구대회 포스터

(2) 도서관에서 유화 예술을 만나자

도서관이 전문회화 교수를 초청하여 피카소의 〈책을 든 여자〉 소개를 시작으로 유화 예술에 대한 관련 지식을 설명하고 작품을 모사하여 유화를 그리도록 지도한다. 이는 전문적인 지도와 시연을 통해 그림을 그리는 데 관심이 있는 학생이나 교수는 유화의 매력과 예술의 아름다움을 느낄 수 있도록 한다. 이 활동은 베이징대학교의 교수와 학생을 대상으로 하며, 각 참가자에게 유화 도구와 재료를 제공하고 현장에서 그린 유화 작품은 가져갈 수 있다.

(3) '와일리 컵' 베이징대학도서관 검색달인대회

'와일리 컵' 경연 대회과정은 예선과 결선으로 나눈다. 예선은 '미친 계획'이라는 퍼즐 게임에서 랭킹 18위까지의 플레이어가 결승에 진출한다. 18명의 선수는 현장에서 대결하였고, 무작위 추첨을 통해 6개의 그룹으로 나눠 3명이 한 팀을 이뤄 검색 질문을 완료하였다. 완료 상태에 따라 최종 순위를 결정한다.

(4) 도서 교환 시장 — 4.23 세계 독서의 날

매년 4월 세계 독서의 날 주간에 베이징대학도서관은 세계 독서의 날 '도서 교환 시장'을 운영하고 베이징대학의 교수와 학생만을 도서관에 초대한다. 이 행사의 1단계는 도서 수집이다. 이용자가 보유하고 있는 유휴서적을 도서관 햇빛홀의 총문문대로 보내면, 보내는 서적의 수량에 따라 해당 수량의 도서 교환·간행권을 받을 수 있고, 도서 교환일에 가서 좋아하는 책도 교환할 수 있다. 2단계는 책 바꾸기로, 1단계에서 받은 교환권을 가지고 가서 원하는 책을 골라서 교환한다.

그림 3-28 | '와일리 컵' 베이징대학도서관 검색달인대회

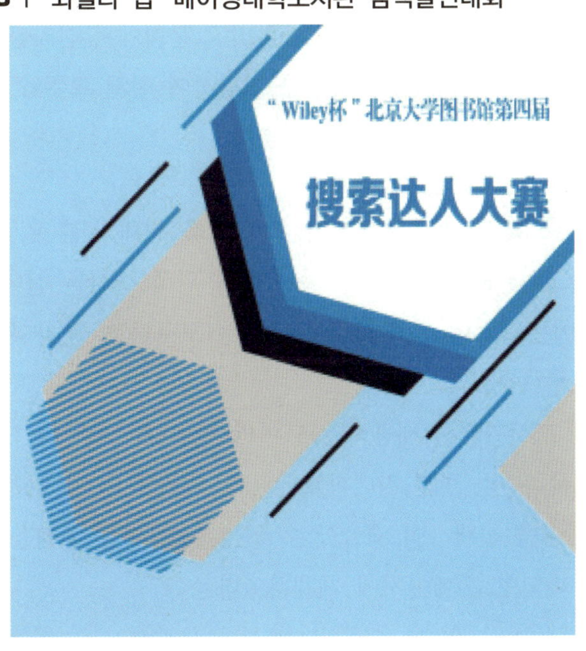

그림 3-29 | 도서 교환 시장

(5) 베이징대학교 개관 120주년 기념행사

① 베이징대학도서관 개관 120년 축제 사진모집활동

베이징대학도서관은 1898년부터 2018년까지의 120년의 역사를 지니며, 베이징대학의 학자들이 서가에서 지식을 찾고 문학에서 진리를 추구하는 것을 도와왔다. 도서관은 창립 120주년을 기념하여 전체 교수와 학생 및 졸업생을 기념하는 기념사진행사를 개최하였다.

② 연원유성(燕园留声) — 나는 베이징대학교를 위해 시를 읽었다

베이징대학교의 개교 120주년을 축하하기 위해 소리를 전달하는 행사를 진행하였다. 이는 목소리로 캠퍼스를 시처럼 모사하고, 문자의 깊은 감성을 음성을 통해 재현하였다.

참가자들은 도서관에서 제공하는 54편의 연원 시가 중 하나 이상을 소리 내어 읽어 기록하거나, 베이징대학교에 대한 학생들의 감정을 소리로 기록하는 것 중 하나를 선택하여 제출할 수 있다. 참가자들이 제출한 음성은 심사에 따라 통과되면 홈페이지에 게재하였다.

그림 3-30 | 연원유성(燕园留声) — 나는 베이징대학교를 위해 시를 읽었다

③ '천국의 모양' 응모행사

2018년에 베이징대학도서관 창립 120주년을 맞이하여 도서관은 교수와 학생의 추억을 적어두고 진심 어린 소망을 표하는 마음으로 행사에 초대했다. 모든 참여자의 문장을 모아 '천국의 모양'을 그렸다. 교수, 학생, 졸업생 등이 작품을 공모하면 소정의 기념품을 받을 수 있고 우수한 작품은 120주년 기념작으로 수필집으로 출판하였다.

그림 3-31 | '천국의 모양' 응모행사

내용 및 사진출처

도서관에서 유화 예술을 만나자. (2018.12.22.).
http://www.lib.pku.edu.cn/portal/cn/news/0000001593

베이징대학도서관의 강좌. (2018.12.22.).
http://www.lib.pku.edu.cn/portal/cn/xxzc/xctg/dushujiangzuo

베이징대학도서관 개관 120년 축제 사진모집활동. (2018.12.22.).
http://pkulib120.lib.pku.edu.cn/

베이징대학도서관의 개요 및 연혁. (2018.12.22.).
http://www.lib.pku.edu.cn/portal/cn/bggk/bgjs/lishiyange

베이징대학도서관 시설. (2018.12.22.).
http://www.lib.pku.edu.cn/portal/bggk/guanshefengmao/guansheyange

베이징대학도서관의 전시회. (2018.12.22.).
http://www.lib.pku.edu.cn/portal/cn/zhanlan

베이징대학도서관의 조직도. (2018.12.22.).
http://www.lib.pku.edu.cn/portal/cn/bggk/zuzhijigou

베이징대학도서관 층별 안내. (2018.12.22.).
http://www.lib.pku.edu.cn/portal/cn/fw/rgzn/guancangfenbu

베이징대학도서관 2015년 연간보고서
http://www.lib.pku.edu.cn/annual-report/2015/#/8

연원유성(燕园留声). (2018.12.22.).
http://www.lib.pku.edu.cn/portal/cn/2018reading/welcome

'와일리 컵' 베이징대학도서관 제4회 검색달인대회. (2018.12.22.).
http://www.lib.pku.edu.cn/portal/cn/news/0000001698

제1회 전국 대학교 데이터기반 혁신연구대회 포스터. (2018.12.22.).
http://pkunews.pku.edu.cn/xwzh/2018-01/19/content_301075.htm

'천국의 모양' 응모행사. (2018.12.22.).
http://www.lib.pku.edu.cn/portal/cn/120-anniversary-call-for-papers

2018년 도서 교환 시장. (2018.12.22.).
http://www.lib.pku.edu.cn/portal/cn/news/0000001694

6. 충칭 도서관

- 주소 : 충칭시 사평바구(沙坪坝区) 봉천대로 106번지
- 전화 : +86 23 6521 0822
- 팩스 : 023-63851474
- 홈페이지 : http://www.cqlib.cn

1) 도서관 개요

충칭도서관(중경도서관)은 1947년 국립루스벨트도서관(National Roosevelt Library)으로 설립되었으며 당시 중국 유일의 5개 국립도서관 중 하나였다. 충칭도서관은 충칭시의 주요 문헌정보 수집, 교류 및 서비스센터로서 중국의 대대적인 종합도서관이며 항일전쟁기간 동안 출판된 도서를 가장 많이 소장하고 있는 도서관이다. 아울러 서남부의 고대 선장본을 가장 많이 보유하는 도서관이기도 하다. 또한 상하이도서관과 더불어 최초의 유엔문헌 보관소이며 '국립 고서 중요 보호 단위'와 '충칭 과학교육 기지' 및 문화부에서 평가한 '국립 1급 도서관'이다.

그림 3-32 | 충칭도서관

2) 연혁

- 1945년 5월 6일, 중국국민당의회는 루스벨트 대통령의 파시즘 퇴치와 세계평화 증진에 관한 업적을 기념하는 법안을 통과시키며 '국립루스벨트도서관'을 세우기로 결의했다.
- 1947년 5월 1일, '국립루스벨트도서관'이 대중에게 공개됐다.
- 1949년 11월 30일, 서남부 문화교육부는 '국립루스벨트도서관'을 '국립서남부인민도서관'으로 명칭을 변경하고, 장래의 서비스 방향을 노동자, 농민 및 군인을 대상으로 해야 한다고 충고했다.
- 1955년 5월, 국립서남부인민도서관, 충칭시인민도서관 및 충칭시북배구(北碚区)도서관이 합병되어 '충칭시도서관'이 형성됐다.
- 1987년, 충칭시도서관은 '충칭도서관'으로 개칭했다.
- 2000년, '제10차 5개년계획'이 공식화되었을 때 새로운 도서관, 미술관, 예술관 등 5개의 새로운 문화건설 프로젝트가 계획되었고 2004년 12월 29일, 충칭도서관의 신관의 기초가 마련되었다.
- 2007년 6월 18일, 충칭시 사평바구(沙坪坝区) 봉천대로에 위치한 충칭도서관의 신관이 공식적으로 공개되었다(2018년 충칭도서관 홈페이지).

3) 시설

충칭도서관의 신관은 30,000m^{2}의 부지면적과 50,381m^{2}의 건축면적을 가졌으며, 현대적이고 쾌적한 분위기를 선사한다. 또한 도서관 내부에는 중국어 도서, 신문과 정기간행물, 지역문헌, 중화민국문헌, 고서, 유엔문헌, 외국어 도서 및 전자문헌 등의 열람실과 어린이와 시각장애인 이용자를 위해 마련된 열람실이 있으며 1,869개의 열람석과 1,500개 정보코너가 있다. 416석의 세미나실과 200석의 다목적 홀이 있는 최첨단 강의실이 두 곳 있다. 또한 800m^{2}의 전시실과 여러 개의 강의실이 있어 학술연구, 학습 및 정보교류에 이상적인 곳이다. 이 건물은 미국의 디자인그룹 퍼킨스 이스트만(Perkins Eastman)에 의해 디자인되었으며 미국의 '2009 Library Design Award'를 수상했다. 2009년에 충칭도서관은 서부 지역에서 거리, 지역사회, 학교 및 기

그림 3-33 | 충칭도서관 OPAC Service Area

타 도시 곳곳에 47개의 유동점을 두고 자유롭고 개방적으로 운영되었다.

4) 장서

충칭도서관은 70여 년 동안 460만 권이 넘는 문헌을 소장하고 있으며, 중화민국간행물, 고대 선장본 도서 및 유엔자료인 국내외 유력한 3개의 특색 소장품을 보유하고 있다. 동시에 충칭도서관은 창립 이래 지역문헌 수집 및 연구에 관심을 기울였으며 충칭과 쓰촨 각 지역의 지방지, 도서, 신문, 정기간행물, 계보, 악보, 서화 및 다양한 지역문헌을 주로 수집하여 상대적으로 완벽한 지역문헌체계를 형성했다(2018년 충칭도서관 홈페이지).

표 3-22 | 충칭도서관의 장서 현황

유형	구분	수
중화민국문헌	도서	76,611종 177,621권
	정기간행물	5,000종 20,000권
	신문	300종 7,000권

유형	구분	수
고대 선장본 도서	송나라 이후	532,342권
	〈전국선본총목〉에서 수록함	707종 56,532권
	유일본과 희귀본	424종
유엔문헌	2012년 말 현재	200,000권
지역문헌	1950년 이래	573권
	혁명문헌	450권
	자관 개발	17권
	참여 개발	13권
	계보	54권
	지방지	82권
	디지털문헌	1,510,000점
외국어문헌		130종 9,000권
디지털문헌	26개 데이터베이스	25TB
마이크로문헌	지방지	116개
	정기간행물	661개
	신문	679개

(1) 중화민국문헌

충칭도서관은 현재 중화민국문헌 20만 권을 소장하고 있다. 중화민국시기의 도서 76,611종 17만여 권, 중화민국 정기간행물 5,000여 종 2만여 권, 신문 300여 종의 7,000권이 있다. 또한 항일전쟁에는 도서 27,000여 종의 6만여 권, 정기간행물 3,623종의 12,152권, 신문 186종의 4,456권이 있다. 이를 바탕으로 2013년 충칭도서관에 '충칭 중국항일전쟁 후방 역사문헌센터'가 설립되었으며 중국항일전쟁에 관한 문헌을 수집하고 종이문헌, 마이크로문헌, 도서 저널 데이터베이스, 3D디지털도서관 등을 구성했다. 포괄적인 저널 데이터베이스, 3D 디지털도서관 등을 통합하는 포괄적인 항일전쟁문헌센터를 구성했다.

(2) 고대 선장본 도서

충칭도서관은 송나라 이후 53만여 권의 고서를 보유하고 있다. 아울러 3,707

종의 56,532권 도서를 〈전국선본총목〉에서 수록하고 있으며 그 중 424종의 유일본과 희귀본이 있다. 〈흠정사고전서간명목록(钦定四库全书简明目录)〉, 〈산곡노인도필(山谷老人刀笔)〉, 〈칭장베이선생문집(清江贝先生文集)〉 등의 귀중한 고서를 비롯하여 고서의 양과 질 부분에서 중국 남서부 1위를 차지했다.

▶ 그림 3-34 | 〈흠정사고전서간명목록〉

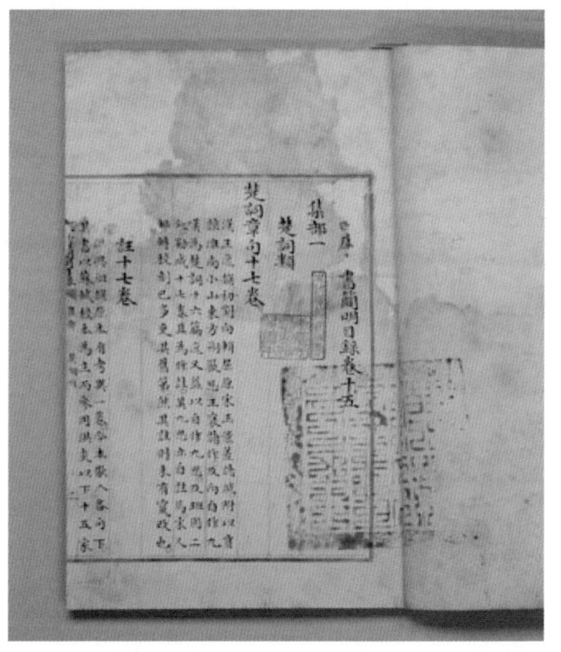

(3) 유엔자료

유엔문헌은 유엔과 그 하위 전문기관(부속기관 포함)이 출간한 모든 회의록과 도서자료를 말한다. 1999년부터 충칭도서관은 유엔문헌을 보관하는 도서관이 되었으며 유엔과 그 계열사에 관한 모든 문헌을 수집하기 시작했다. 주로 도서, 정기간행물 및 문서로 구성된다. 도서는 유엔에서 발행한 연감, 특별연구보고서, 조약 집회, 회의 및 전문회의의 기록, 색인 및 각종 전문단체의 간행물을 주로 다루고 있으며 주제에 따라 17개의 범주로 나뉘어져 있다. 저널은 주로 주요 유엔기관, 전문기관 및 기타 독립기관에서 발행한 정기간행물 및 비정기간행물을 지칭한다. 2012년 기준 충칭도서관에는 유엔자료 20만 권을 보관하고 있다.

(4) 지역문헌

충칭도서관 지역문헌으로는 1950년 이래 충칭지역에서 공식출판과 내부 출판된 도서자료 및 정기간행물 573권이 있으며, 450권의 혁명문헌, 54성의 계보, 82종의 지방지를 소장하고 있다. 그리고 자관이 출간한 지역문헌 17점과 참여 출간한 지역문헌 13점이 있다. 또한 1911년에서 1949년까지 중화민국시기의 151만 점 이상의 디지털문헌을 수록하고 있다.

그림 3-35 | 〈충칭도서관 역사(1947~2007)〉

(5) 참고문헌

충칭도서관에는 사회과학 및 자연과학 방면의 다양한 백과사전, 연감, 사전, 편람, 기관 주소록 및 인물 명부, 일부 국가표준, 특허 및 서양 참고도서와 일본 참고도서 등 3만여 권의 참고문헌을 소장하고 있다. 세계적으로 유명한 '중국백과사전,' '중국통계연감,' '영국백과사전' 및 다양한 산업표준집 등도 포함하고 있다.

(6) 외국어문헌

충칭도서관의 외국어문헌 열람구역은 도서관 4층에 있으며 외국어 신문 및 정기간행물 열람실과 스틸웰(Stilwell) 열람실로 나뉘어져 있으며 모두 개가제 열람실이다. 현재 외국어문헌 열람지역에 130종 이상의 약 9,000권의 장서가 있다. 외국어 도서는 1920년대부터 1980년까지의 6만 권이 넘는 도서가 수집되어 있으며 영어, 일본어, 러시아어, 프랑스어 및 독일어 등의 언어로 된 장서이다. 외국어 신간 도서는 약 1,500권으로 모두 2000년 이후 출판되었다. 경제, 정치, 언어, 문학, 사회과학, 교육, 미술, 역사, 법률, 군사, 자연과학 및 의학 등과 관련이 있는 영어 원서이다.

Stilwell Reading Area는 세계 500대 기업 중 하나인 New York Life Insurance International과 청두시의 미국총영사관이 예산을 지원했으며, 성도의 미국총영사관은 열람실에게 수천 달러 상당의 외국 원서와 미국 정부가 저작권을 소유한 중국도서를 제공했다. 또한 〈디스커버리(Discovery)〉, 〈타임 매거진(Time Magazine)〉, 〈뉴스위크(Newsweek)〉 및 〈포춘(Fortune)〉과 같은 세계 유명 저널 50여 개의 약 1,600권에 이른다.

(7) 디지털문헌

충칭도서관의 디지털자원은 '외부 구입'과 '자체 구축'의 두 부분으로 나뉘며 자원 총량이 100TB를 초과한다. '외부 구입' 디지털자원은 주로 전자책, 전자저널, 멀티미디어 데이터베이스 및 주제자료를 포함한 상업용 데이터베이스를 기반으로 한다. 무료 액세스는 충칭디지털도서관을 통해 이용자에게 제공된다. 충칭디지털도서관은 26개의 외부 구독 데이터베이스를 보유하고 있으며 로컬데이터 저장 용량은 25TB이다. '자체 구축' 디지털자원은 주로 컬렉션 목록의 디지털화, 컬렉션자원의 디지털화, 충칭도서관 강좌 및 문화공유 프로젝트의 지역자원을 포함한다. 그 중 컬렉션 목록의 디지털화는 도서관 업무시스템에 소장 중인 도서를 대상으로 한다. 컬렉션 디지털화는 중화민국문헌을 대상으로 하며 충칭도서관의 마이크로문헌에는 116개 지방지, 679개 신문 및 661개 정기간행물 등이 있다.

5) 조직

충칭도서관은 관장 1명과 부관장 3명을 포함하여 전체 240명 이상의 직원이 있다. 기관 조직은 1실 6부 9센터로 구성되어 있다. 즉 사무실, 당정사업부, 인사부, 재무관리부, 이·퇴직간부 사업부, 안전보위부, 행정보장부, 교육훈련센터, 업무협조센터, 연구상담센터, 취재편목센터, 이용자서비스센터, 소년아동독서센터, 주제별 문헌센터, 특별장서센터 및 네트워크디지털센터(전국문화정보자원공유 프로젝트 충칭 지국)가 있다. 다음은 충칭도서관의 조직도이다(2016년 충칭도서관 연간보고서).

그림 3-36 | 충칭도서관 조직도

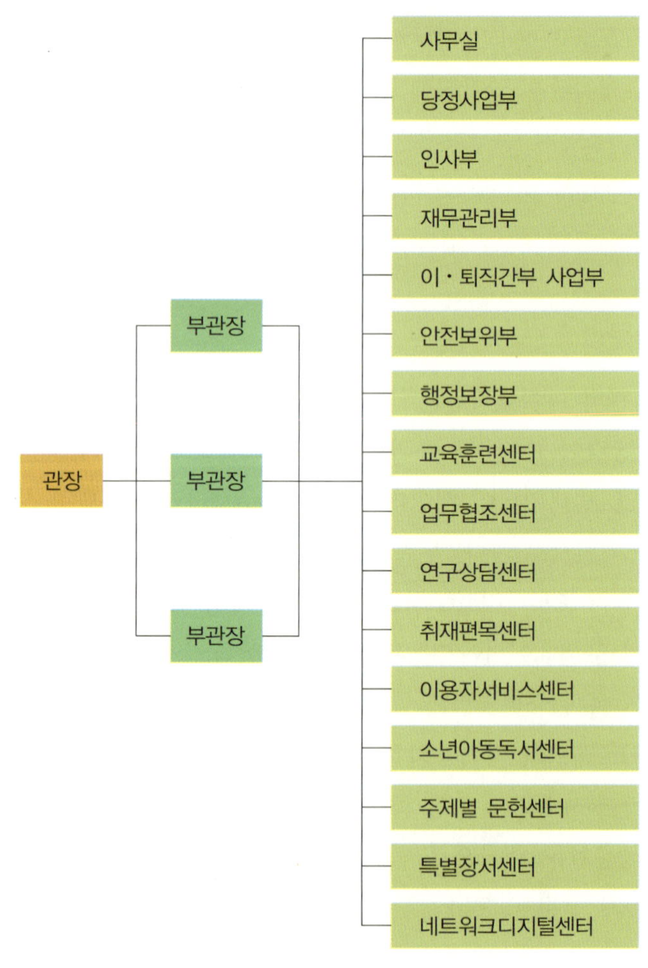

6) 서비스

2009년 충칭도서관은 강좌, 전시회, 해바라기 어린이독서행사, 시각장애인서비스 등 다양한 서비스를 제공하고 있다. 전 도시의 거리, 커뮤니티, 학교 및 기타 장소에서 47개 도서 유통점을 설치하여 서비스를 통해 주요 도시 '충칭공공도서관통합카드'서비스를 실현했다. 충칭디지털도서관, 모바일도서관, 24시간 셀프서비스도서관, 순회문고, RFID 셀프서비스 대출시스템, 디지털 클라우드 체험실, 인간·컴퓨터 상호작용 체험 장비와 같은 서비스를 제공하고 있다.

(1) 사회교육

2015년 기준 충칭도서관은 강좌 97회, 전시회 89회, 교육훈련 21회, 기타활동 37개를 개최했다(2016년 충칭도서관 연간보고서).

표 3-23 | 2015년 충칭도서관 활동

구분	활동 횟수
강좌	97
전시회	89
교육	21
기타활동	37
계	244

(2) 충칭도서관 특화서비스

충칭도서관은 '양무능(杨武能)' 번역저서도서관, 디지털 클라우드 체험실, 보존본 열람실, 충칭지역문헌 열람실 및 마이크로 열람실 등과 같은 특수 이용 공간을 제공한다.

표 3-24 | 충칭도서관 특화서비스

구분	자료실 구성
양무능(杨武能) 번역저서도서관	양무능(杨武能) 번역저서도서관은 유명한 독일어 번역가 양무능 선생의 번역물, 저작물, 원고 및 수상 증서 등을 소장하고 있다.
디지털 클라우드 체험실	디지털 클라우드 체험실은 클라우드서비스를 통해 이용자가 단말기를 이용하여 전자책, 저널, 영화 및 음악을 체험할 수 있다.
보존본 열람실	보존본 열람실은 기본 장서 중 도서, 신문 및 정기간행물의 열람서비스를 제공한다. 건국 이후(1949년 이후)에 출판된 도서, 1949~2008년간 출판된 정기간행물, 1949~2002년간 출판된 신문 및 '중화재건선본프로젝트'의 선본 도서를 제공한다.
충칭지역문헌 열람실	충칭지역문헌 열람실은 충칭의 정치, 경제, 사회 및 문화 측면에서 반영된 공개출판물 및 내부자료를 소장한다. 주로 지방지, 역사자료, 통계자료, 충칭 현지 상황 및 유명 인사와 관련된 국내 공개출판물, '5·4운동'에서 중화인민공화국 건국까지 다양한 역사적 시기의 혁명문헌, 대사기, 지역연간, 일부분 계보 등을 포함한다.
마이크로 열람실	마이크로 열람실은 부분 고서선본, 건국 전기와 후기의 신문, 중화민국의 도서를 마이크로 복제했다. 또한 다른 도서관에서 제작한 일부분 마이크로자료를 구입해 제공한다.

(3) 자동차도서관(이동도서관)

충칭도서관 자동차도서관은 충칭시 정부의 문화유익사업으로 2012년 5월 충칭공공도서관의 공공서비스기간 중에 정식으로 개시하여 도서관의 서비스 반경을 확대할 수 있게 되었다. 지역사회, 거리, 병영, 기관, 기업 및 학교와 같은 서비스 지점의 거리 문제로 인해 도서관에서 책을 빌릴 수 없는 시민의 어려움을 해결하고 도서관의 공공서비스 범위를 확대했다.

자동차도서관은 실제로 도서, 정기간행물 및 멀티미디어 시청각자료가 포함된 소규모 '도서관'으로 컴퓨터, 에어컨, 스테레오 및 정수기와 같은 시설과 좌석 설치 장비를 갖추고 있다. 또한 시민들은 '충칭공공도서관통합카드'의 신청을 현장 처리할 수 있다. 도서대출, 예약, 상담 등과 같은 서비스를 제공하며, 충칭 시민에게는 편리한 도서대출서비스를 무료로 제공한다. 동시에 충칭 주요 도시 9개 구역의 공공도서관에서 도서 대출·반납을 할 수 있으므로 이용자의 시간을 크게 단축하고 자동차도서관에서 충칭도서관의 자료와 서비스를 누릴 수 있다.

> 그림 3-37 | 충칭도서관 자동차도서관 내부

7) 프로그램

(1) 특수이용자활동

특수이용자활동으로 크게 어린이와 시각장애인을 대상으로 하는 서비스가 있다. 어린이서비스는 '즐거운 독서체험'과 '동심세계'로 구분된다. 즐거

> 표 3-25 | 충칭도서관 어린이활동

대상	구분	내용
어린이	즐거운 독서체험	남평실험(南坪实验) 초등학교에 들어서다.
		'인터넷+α' 모델의 시작
		충칭도서관 즐거운 독서체험과정 〈가을의 노래〉
		오민란(吴敏兰)의 이야기 동요 동화구연－4.23 세계 독서의 날 시리즈활동
	동심세계	동화 삼림 독서회 제12회－〈어린 연설가〉활동
		'폴란드 전설' 회화 경연대회
		동화 삼림 독서회 제4회 부모수업－오묘한 감성
시각장애인	-	국제시각장애인의 날 '점자자료 전시'
		'무장애체험'활동
		충칭도서관 무장애 걷기 모의체험활동

운 독서체험은 사서들이 직접 충칭시의 학교를 방문하거나 충칭도서관에 모여 독서체험활동을 한다. '동심세계'는 부모교육, 회화, 경연대회 및 동화 삼림 독서회 등 활동을 포함한다.

장애인서비스로 점자도서 전시, 무장애체험 등의 활동을 한다. [표 3-25]는 충칭도서관의 어린이, 장애인 대상 서비스활동 내용이다.

(2) 충칭도서관 교육훈련

충칭도서관 교육훈련센터는 충칭도서관 신관의 동쪽 홀에 위치하고 있다. 도서관은 사회교육을 실시하는 서비스 창구로서 젊은이들에게 평생교육을 제공하는 중요한 교육기관이다. 또한 기관과 개인이 회의 및 전시회를 개최하며 공연하고 즐길 수 있는 플랫폼이다. 현재 교육훈련센터의 사업 범위에는 교육훈련, 전시회, 영화관, 폴리극장 티켓 판매점, 카페 등이 포함되며 기획, 제작, 전시 등에 전문인력을 보유하고 있다. 풍부한 강의 경험을 갖춘 우수한 교사를 고용하여 연중 내내 회의, 전시회 및 강연을 실시하고 있다.

그림 3-38 | 충칭도서관 교육훈련센터 홈페이지

(3) 충칭도서관 청소년글로벌프로젝트

충칭도서관 청소년글로벌프로젝트는 2013년에 설립되었으며, 15~25세 청소년들을 위한 충칭도서관 특수문헌센터의 활동 브랜드이다. 이 프로젝트에는 영어코너, 영사관활동, 문화살롱, 도서관과 학교활동 및 마이크로 수업 등의 활동을 포함한다. 지혜 살롱이 공유하는 청소년활동을 위한 국제 대화 공간, 외국문화교류, 청소년을 위한 적절한 활동을 조직함으로써 공간 플랫폼을 조성하기 위한 것이다. 다음 표는 충칭도서관 청소년글로벌프로젝트를 실행한 활동 내용이다.

표 3-26 | 충칭도서관 청소년글로벌프로젝트

구분	프로그램명
영어코너	제297기 Music World(음악세계)
	제296기 Friends(우정)
	제295기 Model United Nations(모의 유엔)
	제294기 Personal Life(사생활)
문화회의실	동 · 서양문화에서 동서양의 음악을 보다.
	과학 집결 나팔 – 정서의 패스워드
	중국문화와 칠현금 – 의식 음악 중에 칠현금
	고전이해 및 시와 사의 관문돌파대회
모의 유엔	CQMUN 2013년 제4회 충칭시 모의 유엔회의
	CQMUN 2017년 제1회 충칭 청소년 모의 유엔회의
	청소년 모의 유엔교실
	우리의 모의 유엔
국제교류 및 협력	CYMUN2018 학교 강연 제3차 – 봉명산중학교
	2018 충칭 · 폴란드문화제 '폴란드에서 유학 – 폴란드 및 충칭 지역의 대학교 국제협조교류회'
	2018년 충칭고등학교 영어 쓰기대회

(4) 이용자클럽

초기 독서클럽, 영어코너, 강좌, 수색 및 추천, 논쟁과 같은 활동에서부터 오늘날의 독서클럽, 법률살롱, 신간 서적 추천, 도서 및 영화살롱, 연극 경험 등에 이르기까지 2010년 이용자클럽 설립 이래로 다양한 활동이 이루어졌다.

2017년 12월 30일 충칭도서관 이용자클럽은 제21회 법률살롱을 개최했다. 전문가정변호사를 초대하여 '혼인 전 채무'에 관한 법률지식살롱을 이용자에게 제공했다.

그림 3-39 | 공익적인 법률살롱 — 혼인 전 채무에 대한 법률정보제공

(5) 3D디지털도서관

'중국의 항일전쟁 3D디지털도서관'은 충칭도서관에 소장한 항일전쟁문헌의 디지털자원을 기반으로 하고 있으며, 3D가상현실기술을 사용하여 개발된 전시회, 정보조회 및 문헌열람 DB를 제공하고 있다. 이용자들은 전쟁문학자원을 사용하고 반전(反战) 전시회를 방문, 외국문화교류 및 애국교육 등을 제공받고 있다. 또한 '중국의 항일전쟁 3D디지털도서관'은 대화형, 역동적인 효과, 사용 및 탐구 등 이용자를 위한 새로운 가상도서관 경험을 통하여 이용자들의 욕구를 충족시킨다.

'중국의 항일전쟁 3D디지털도서관'의 건물은 항일전쟁 당시 중화민국 정부 청사 옛터에 의해 복구된 지상 1층과 2층 전시실과 지하 도서관이 있는 중국 고전 목조구조 건물이다.

그림 3-40 | 3D디지털도서관

내용 및 사진출처

중화민국문헌. (2018.12.22.).
http://www.cqlib.cn/?q=-literature
충칭도서관 개요. (2018.12.22.).
http://www.cqlib.cn/?q=node/27
충칭도서관 교육훈련센터. (2018.12.22.).
http://www.ctpxhz.com/about_1.html
충칭도서관 기구설정. (2018.12.22.).
http://www.cqlib.cn/?q=node/32
충칭도서관 마이크로문헌. (2018.12.22.).
http://www.cqlib.cn/?q=node/42
충칭도서관 바이두백과. (2018.12.22.).
https://baike.baidu.com/item/%E9%87%8D%E5%BA%86%E5%9B%BE%E4%B9%A6%E9%A6%86
충칭도서관 순회문고. (2018.12.22.).
http://www.cqlib.cn/?q=node/44593
충칭도서관 외국어문헌. (2018.12.22.).
http://www.cqlib.cn/?q=node/4
충칭도서관 이용자클럽. (2018.12.22.).
http://www.cqlib.cn/cqclub/web/?r=cqlib/about
충칭도서관 지역문헌. (2018.12.22.).
http://etc.cqlib.cn/local/mgskIndex.asp?cid=155#
충칭도서관 즐거운 독서체험 과정, "인터넷+" 모델을 시작하다. (2018.12.22.).
http://cq.cqnews.net/html/2018-05/23/content_44359486.htm?from=singlemessage&isappinstalled=0
충칭도서관 참고도서. (2018.12.22.).
http://www.cqlib.cn/?q=node/43
충칭도서관 청소년글로벌프로젝트. (2018.12.22.).
http://www.cqlib.cn/?q=microworld
충칭3D디지털도서관. (2018.12.22.).
http://222.177.237.209/chongqing/webplayer/test_1.html
〈흠정사고전서간명목록〉. (2018.12.22.).
https://web.archive.org/web/20111028193509/http://www.cqlib.cn/gczy/guji/201002/t20100210_23055.html
2016년 충칭도서관 연간보고서.
http://www.cqlib.cn/sites/all/themes/cqlib/doc/jhnb/2016%E5%B9%B4%E5%BA%A6%E9%87%8D%E5%BA%86%E5%9B%BE%E4%B9%A6%E9%A6%86%E5%B9%B4%E6%8A%A5.doc

7. 산둥성 도서관

- 주소 : 지난시 리청구(历城区) 2차로 동로 2912번지
- 전화 : +86 531-8559 0781
- 팩스 : 0531-6098417/6091164
- 홈페이지 : http://www.sdlib.com

1) 도서관 개요

중국의 국가 1급 도서관인 산둥성도서관(산동성도서관)은 고서에 대한 국가 핵심 보호 역할을 하는 기관이다. 〈산둥도서관 창립 기록〉에 따르면 산둥 제학사 나정균(罗正钧)이 지방 정부의 옛 공원(贡院) 동북쪽에서 '천일각(天一阁)[5]'과 같은 방식으로 도서관을 설립했다.

그림 3-41 | 산둥성도서관

2) 연혁

- 1909년, 다밍후(Daming Lake) 호반에 건축된 정원과 통합 건물은 중국 최초의 공공도서관으로 건립되었고 '산둥도서관'으로 명명했다.
- 1915년 겨울, 산둥도서관은 '산둥성공립도서관'으로 명칭이 변경되며

5) 천일각(天一阁) : 중국에 현존하는 최초의 개인장서루이자, 400여년의 역사를 지닌 중국의 대표적인 장서문화다. 저장(浙江)성 닝보(宁)시 하이수(海海)구에 위치하며 명나라 중기(明朝)에 은퇴한 명나라 병부(兵部)의 우시랑(右侍郎) 판친(范钦)이 설립한 2.6만m^2 규모의 장서루이다. (출처 : 충칭 Sub center)

산둥성관공서에 예속됐다.

- 1929년 여름, 산둥공립도서관은 '산둥성립도서관'으로 개칭되면서 지방 교육청에 예속됐다.
- 1931년, '산둥성립도서관 계간지'와 '산둥성립도서관 총간'을 설립했다.
- 1932년, 신규 도서를 분류하고 검색을 편리하게 할 수 있도록 「산둥성립도서관 도서분류법」을 편찬했다.
- 1937년 12월, 일본군이 침략하여 지난시를 점령당해 도서관에 강도가 침입했고, 이로 인해 도서관의 문화 유물이 파괴됐다.
- 1948년 9월, 지난시는 해방되어 조직이 개편됐다. 이후 1949년 4월에 공식적으로 개관했다.
- 1949년 7월, 부관장 유혜우(刘惠吾)는 「신규 산둥성립도서관 도서분류법」을 주장했다.
- 1950년 1월, 「시범 신규 도서분류법」을 발행했다. 이는 중화인민공화국 창립 후 편집된 최초의 도서분류법 중 하나이며 「산둥법」이라고 칭했다.
- 1952년, '산둥성도서관'으로 명칭을 변경했다.

그림 3-42 | 산둥성도서관 초기의 정문

■ 2002년 10월, 산둥성도서관 신관을 개관했으며 2004년 11월, 문화부 전국 공공도서관 평가를 통과하여 1급 도서관으로 분류되었다(2018년 산둥성도서관 홈페이지).

3) 시설

산둥성도서관은 본관(신관), 국학관(国学馆) 및 소년아동도서관으로 구성된다. 산둥성도서관의 신관은 지난시 하이테크 개발구에 자리를 잡고 1994년에 건축을 시작했다. 프로젝트는 두 단계로 진행되었는데 프로젝트의 첫 번째 단계는 35,830m^{2}의 건축면적과 높은 투자 가치를 지닌 종합열람관이 되었다. 또한 각 층의 면적은 2,000m^{2}에서 6,000m^{2}로 이루어져 있다. 건물은 작고 단단하며 무거운 느낌의 모듈러 디자인으로 치루(齐鲁)문화의 현대 상징이라고 할 수 있다. 프로젝트 두 번째 단계의 도서관 건물은 12층으로 이루어져 있으며, 개가제 열람실 8개, 열람실 및 연구실 35개, 이용자 열람석 2,000개 이상으로 이루어져 있다.

국학관은 지난시 명호로에 위치하며 산둥성도서관의 개척지로서 오랜 역사를 지닌다. 현재 국학관은 규허서장(奎虚书藏)루 및 니산서원(尼山书院)과 같은 건물 등을 보유하고 있다. 그 중 규허서장관은 2,460m^{2}의 면적으로 21개의 열람실이 있는 2층 건물이다. 이 중 291m^{2}는 노인 열람실로 사용된다.

그림 3-43 | 규허서장(奎虚书藏)루

산동소년아동도서관은 1999년에 설립되어 현재 지난시 영웅로에 위치하고 있으며 약 6,000m²의 면적을 차지한다. 30만 권이 넘는 어린이문헌과 400여 종의 정기간행물, 30종의 신문을 소장한다. 또한 청소년 열람실과 어린이 열람실을 비롯한 대출서비스 구역이 있다.

4) 장서

2004년 기준으로 도서관은 612만 권의 문헌을 소장하고 있으며, 그 중 경공업, 의학, 철학과 같은 분야가 높은 비중을 차지하고 있다. 치루지방지(齐鲁方志) 컬렉션, 해원각(海源阁) 컬렉션, 역경(易经) 컬렉션 및 산동혁명문헌 컬렉션 등 다양한 컬렉션을 소장하고 있다. 전국의 약 600종 치루지방지 중 528종을 산동성도서관에 소장하고 있으며 58종의 희귀본을 포함한다. 특히 〈(만력)연주부((万历)兖州府志)〉는 중국의 유일본이다. 또한 임칙서(林则徐), 옹동서(翁同书), 오식분(吴式芬), 전의길(钱仪吉), 허한(许瀚)과 같은 명인의 원고를 보유하고 있다. 산동성도서관이 소장한 역경(易经)문헌은 1,317종의 2,205개 버전으로 약 1만 권에 이르며, 당대의 〈사경권자본(唐人写经卷)〉, 송대 판각한 호잡장 〈문선(文选)〉, 송대 판각한 건상본 〈만권정화(万卷菁华)〉, 포송령(蒲松龄)의 원고 〈요재문집(聊斋文集)〉 및 왕사정이 교정한 〈쿤룬산방집(昆仑山房集)〉과 같은 희귀한 판본이 모두 문화재로 전해진다.

정기간행물은 다양한 분야의 신문 및 정기간행물의 컬렉션들로 구성된다. 1911년, 신해혁명 당시 산동독립연합회의 〈치루공보(齐鲁公报)〉, 중국공산당 발해구위원회의 〈발해일보(渤海日报)〉, 교동 당위원회의 〈대중신문(大众报)〉 등 소중한 문헌자료를 소장한다. 외국어문헌으로 경공업, 화학공학, 전자기술, 환경보호 및 의약 및 보건에 관한 문헌 등이 있다. 미국 〈화학초록(化学文摘)〉은 1907년부터 수집되었으며, 1960년대 초부터 〈일본특허공보(日本特许公报)〉가 수집되었다. 그리고 〈미국특허초록(美国专利文摘)〉, 〈세계특허색인(世界专利索引)〉, 〈미국공학색인(美国工程索引)〉 등을 수집하고 있다.

표 3-27 | 산동성도서관 장서 현황

유형	구분	수	비고
도서	중국어	5,164,870권	
	외국어	72,000권	영어 도서 51,000여 권, 일본어 도서 10,000여 권, 독일어 도서 1,000여 권, 러시아어 도서 10,000여 권
정기간행물	중국어	5,400종	
	외국어	90종	
신문	중국어	450종	
지역문헌	1949년 이후 출판	45,000종 60,000권	
오디오 및 비디오자료	국내외 최신	20,000종	
디지털자원	데이터베이스	20점	
	인트라넷	20점	
	자체 구축	11점	
주제 컬렉션	선본	5,567부 62,218권	초본(抄本) 약 1,000종, 원본(稿本) 약 400종, 교정본(批校本) 600여 종, 중국 내 유일본 450여 종
	해원각	2,191종 2,319부 32,378권	계원본(计元本) 2권, 명본(明本) 368권, 청본(清本) 1,740권, 중화민국 6권, 초본(抄本) 79권, 그 중 400여 종은 〈전국선본〉에서 수록
	역루(易庐)	977부 3,534권	기존의 역경(易经) 반수
	지방지	528종	기존의 산동 지방지의 80% 이상을 차지하는 옛날 지방지이다.
	옛 페이퍼백	20,880종 43,777권	중국 해방전쟁 시기의 출판물을 가장 많이 보유
	불경	–	명 〈영락남장(永乐南藏)〉 1부 5,104권, 명 〈영락북장(永乐北藏)〉 2부 5,078권, 명 〈화엄경(华严经)〉 1부, 청 사본 〈화엄경〉 1부, 기타 불경 200여 종
	각본	–	〈명영락북장(明永乐北藏)〉, 〈대학신증합벽연주성률만권정화(大学新增合璧连珠声律万卷菁华)〉
	사본 및 초본	–	〈해원각진장편지(海源阁珍藏尺牍)〉, 〈코란(古兰经)〉, 〈딩보정상소(丁宝桢奏折)〉, 〈대방광불화엄경(大方广佛华严经)〉, 〈고봉한왼손친필(高凤翰左手墨迹)〉, 〈사분경(思益经)〉

5) 조직

산등성도서관의 직원은 총 220명이다. 그 중에 고급전문기술직원은 54명이고 중급전문기술직원은 100명, 초급전문기술직원은 53명이다. 박사는 6명, 석사는 24명이 있다(2017년 산등성도서관 연간보고서).

그림 3-44 | 산둥성도서관 조직도

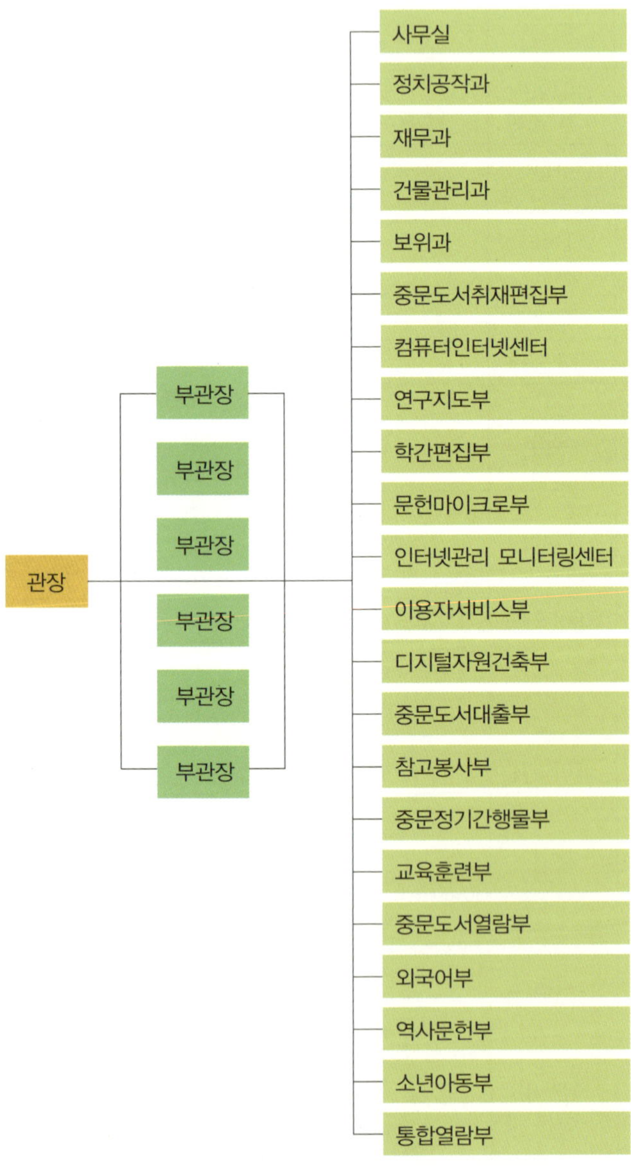

6) 서비스

(1) 사회교육

2017년 기준으로 산둥성도서관은 강좌 555회, 전시회 21회 및 기타활동 327회를 개최하였다(2017년 산둥성도서관 연간보고서).

표 3-28 | 2017년 산둥성도서관 활동

구분	활동 횟수
강좌	555
전시회	21
교육	-
기타활동	327
계	903

(2) 니산서원

니산서원은 공자의 탄생지인 취푸우(曲阜) 니산에 위치하고 있으며 1336년에 최초 설립되었다가 1417년에 재건되었다. 산둥성은 공자(孔子)와 맹자

그림 3-45 | 니산서원

(孟子)의 고향이다. 산둥성의 유교문화는 도서관에도 광범위한 영향을 미쳤다. 주정부는 중국의 전통문화를 홍보하기 위해 지방 문화청을 중심으로 '도서관+서원'의 대중문화서비스 모델을 혁신·홍보하기로 결정했다. 산둥성 지방 각 등급의 도서관서원을 모두 '니산서원'으로 명명했다. 공공도서관이 자체가 보유한 역사적·문화적 자원의 개발을 심화시키고 중국문화의 분위기를 향상시킨다. 니산서원은 중국전통문화의 중요한 상징이며 주로 중국국학 고전, 국예학당, 온라인 전시회, 국학강단 등 서비스를 제공한다.

7) 프로그램

(1) 산둥문화 메모리

지역 특색자원을 통해 지역 역사문화, 민속 민간문화, 레드문화(혁명문화), 연해문화, 특색문헌 디지털화 등과 같은 특색 있는 프로그램을 운영하고 있다.

표 3-29 | 산둥문화 메모리

유형	구분
지역 역사문화	산둥 역사문화 명·마을
	산둥 역사문화 명·거리
	산둥 역사문화 명·타운
	산둥 역사 인물 데이터베이스
	치루 당대 예술명가
	저택고풍(深宅古韵)
	산둥 근대 건물 멀티미디어 데이터베이스
민속 민간문화	산둥지방 희극 정수
	산둥 도자기
	산둥 향토문화
	산둥 민간 수공예
	산둥 요리
	산둥 민간 컬러꽃무늬 천

유형	구분
민속 민간문화	산둥 춘절민속
	매력산둥 십예기부(共享十艺)
레드문화(혁명문화)	산둥 레드여로(혁명투어)
연해문화	디지털문화 연해 데이터베이스
	제1회 연해문화 사진촬영대회
	제2회 연해문화 사진촬영대회
특색문헌 디지털화	지역문화 원문 데이터베이스
	산둥도서관 불경 데이터베이스
	산둥성도서관 백년역정 데이터베이스
	산둥 문화역사 주제 데이터베이스
	산둥 각 급 문화역사자료 목록
	산둥성도서관 고서 선본 데이터베이스
	치루 옛 사진 데이터베이스
	산둥지역문헌 색인
도서관 강좌	대중강단
	니산서원강단
	작은도서관 강좌

(2) 공공디지털문화 프로젝트

산둥성 공공디지털문화 프로젝트는 문화정보자원공유 프로젝트, 디지털 도서관 진흥 프로젝트, 디지털 열람실 건설계획(公共电子阅览室计划) 및 연해 디지털 문화장랑(海疆数字文化长廊)과 같은 중국문화 프로젝트 네 부분을 구성한다. 그 중 연해 디지털문화 장랑은 연해특색, 군사국방, 당정시리즈, 법률, 문화생활, 기능진급, 농림시리즈 및 가정교육・육아 등의 내용을 포함한다.

그림 3-46 | 연해 디지털문화 장랑 홈페이지

(3) 규허도서상

'규허도서상'은 치루문화의 본질을 이어받아, 2016년 1월 산둥성도서관에서 창간되었으며 우수도서상과 추천도서상을 선정하여 산둥에서 출판된 우수도서를 홍보한다. '규허'라는 단어는 '규허서장'에서 나왔으며, 산둥성도서관 건설 초기의 장서각을 '규허서장'이라고 한다.

(4) 휴먼 라이브러리

'Ithink'라는 휴먼 라이브러리는 이용자가 휴먼도서와 대면해 책을 읽는 형식으로 30~45분의 대화를 하는 것이며 대화 내용은 공개하지 않는다. 이를 통해 이용자는 휴먼도서를 읽고 다른 세계와 개념을 발견할 수 있다. 덴마크에서 시작된 휴먼 라이브러리는 책 대신 사람이 매체가 되어 독자와 상호작용하고 정보와 경험을 공유하는 신개념 도서관서비스이다(주은혜, 2016.3.12).

표 3-30 | 산둥성도서관 휴먼도서 리스트

서명	저자
〈인디아를 누리다〉	선자(璇子)
〈동남아시아 사랑〉	신선어(神仙鱼)
〈고성파수꾼〉	파수꾼(守望者)
〈너 자신이 되어라〉	마과(麻瓜)
〈자매〉	마제(马姐)
〈생명의 빛을 비추다〉	흑문(黑门)
〈나는 나다〉	소백(小白)
〈다르다〉	Raphel
〈선천적인 불안, 후천적인 즐김〉	호우(皓宇)
〈소수파〉	단모모(谭某某)
〈옛 거리의 토끼왕〉	장군보(将军宝)
〈신기술을 위한 대변〉	고대수(高大树)
〈먼 곳보다 멀다〉	원방(远方)
〈입관사〉	KITTY
〈영혼의 자아〉	카카(咔咔)
〈끝이 없는 여정〉	러오뮤(老缪)

내용 및 사진출처

공공디지털문화 프로젝트. (2018.12.22.).
http://www.sdlib.com/channels/ch00102/

'규허서장(奎虛书藏)'루. (2018.12.22.).

니산서원. (2018.12.22.).
https://baike.baidu.com/item/%E5%B0%BC%E5%B1%B1%E4%B9%A6%E9%99%A2

산둥성도서관 국학관. (2018.12.22.).
http://124.133.52.174:7184/channels/ch00297/

산둥성도서관 규허도서상. (2018.12.22.).
http://www.sdlib.com/channels/ch00147/

산둥성도서관 니산서원 홈페이지. (2018.12.22.).
http://nishanshuyuan.sdlib.com/nssy/webpage/home.jsp

산둥문화 메모리. (2018.12.22.).
http://wenhua.sdlib.com/

산둥도서관 바이두백과. (2018.12.22.).
https://baike.baidu.com/item/%E5%B1%B1%E4%B8%9C%E7%9C%81%E5%9B%BE%E4%B9%A6%E9%A6%86

산둥도서관 장서. (2018.12.22.).
http://124.133.52.174:7184/channels/gcyl/

산둥성도서관 휴먼 라이브러리. (2018.12.22.).
http://www.sdlib.com/channels/ch00292/

산둥도서관 2017년 연간보고서
http://www.sdlib.com/articles/ch00679/201708/315163aa-80a1-4557-9c4b-a1b556ea30eb.shtml

연세춘추. 휴먼라이브러리, 사람책을 빌려드립니다! (2016.03.12.).
http://chunchu.yonsei.ac.kr/news/articleView.html?idxno=21305

연해 디지털문화 장랑. (2018.12.22.).
http://haiyang.ztklive.com/Web/Default.aspx

8. 쓰촨성 도서관

- 주소 : 청두시 칭양구 런민루 서쪽 4번지
- 전화 : +86 28 8665 5171
- 팩스 : 028-6666223
- 홈페이지 : http://www.sclib.org

1) 도서관 개요

쓰촨성도서관(사천성도서관)은 1912년에 설립된 중국에서 가장 오래된 공공도서관 중 하나이다. 쓰촨성도서관은 현재 IFLA회원으로 등록되어 있으며, 지역대표도서관이자 세계은행 자료 보관소로서의 기능을 수행하고 있다. 아울러 쓰촨성도서관은 고서보호센터, 문헌분류 및 도서관서비스센터와 함께 박사후과정의 연구 및 업무 수행이 가능한 기관이기도 하다.

그림 3-47 | 쓰촨성도서관

2) 연혁

- 1912년 10월 20일, 쓰촨성립도서관은 청두시 소성공원(少城公园)의 서쪽에 위치하여, 작은 벽돌 건물로 설립됐다.
- 1927년, 쓰촨의 재정적인 문제로 청두시 정부에 양도되었고 청두시립도서관으로 명칭이 변경됐다.
- 1929년 11월, 쓰촨성 교육청이 성 정부에 도서관을 되찾으려고 시도했지만 실패했다.
- 1936년, 쓰촨성 교육청은 성립도서관 준비위원회를 구성했고 1940년 4월 10일, 청두의 성수가(城守街) 전칭성수아문(前清城守衙门)에 쓰촨성립도서관이 재설립됐다.

- 1950년, '쓰촨시도서관,' 1951년에는 '쓰촨시인민도서관'으로 개칭했다.
- 서고 공간 부족으로 인하여 쓰촨성도서관은 1972년, 총부로(总府路)에 5,000m^{2}의 건축면적의 건물을 설립했으며, 1978년 4월에 완성됐다.
- 쓰촨성도서관은 중국 10대 도서관으로 선정됐으며, 이용자와 장서량이 급격히 증가함에 따라 더 많은 공간을 필요로 했다. 그 후 2009년 12월, 쓰촨성도서관의 신관을 건립했다.
- 2015년 12월 26일, 완공된 쓰촨성도서관의 신관을 대중에게 공개했다(2018년 쓰촨성도서관 홈페이지).

3) 시설

신관은 총 건축면적이 51,000m^{2}이며 8개 층으로 구성되었으며, 최대 6,000명의 이용자를 수용할 수 있다. 또한 열람석 3,267석과 3,488석의 검색코너를 제공하고 있다. 신관의 외관은 한췌(汉阙)6) 스타일의 디자인에서 비롯되었으며 두 개의 탑 사이의 계단식 아트리움은 '지식의 계단'을 상징한다.

6) 한췌(汉阙) : 한대 석췌(석궐)의 약칭으로 한나라의 기념비적인 건축물이다.

그림 3-48 | 쓰촨성도서관 내부

4) 장서

2017년 12월 기준, 쓰촨성도서관은 총 500만여 권의 도서를 소장하고 있다. 그 중 고서 65만 권, 희귀도서 5만 권(국가급 선본 995종), 중화민국문헌 22만 권 및 디지털자원 150TB를 보유하고 있다. 쓰촨성도서관의 자료입수는 주로 구매, 성급 정부의 예산지원 및 명인의 기부로 이루어진다. 특히 초기 컬렉션의 희귀도서는 주신보(周新甫), 강명달(姜明达), 공택포(龚泽浦), 나후보(罗厚甫), 유함흔(刘咸炘), 왕무군(王武君), 이할인(李劼人), 이일맹(李一氓) 등과 같은 명인 및 숭경현상고사(崇庆县上古寺), 청두시화교관리부에서 기증하였다. 그 외에도 쓰촨의 유명한 엄곡성(严谷声)의 장서 35,028권 및 조법덕(赵法德)이 수집한 〈적사장경(碛砂藏经)〉 2,725권을 소장하고 있다.

또한 쓰촨성도서관은 외국어, 홍콩, 마카오, 대만신문 및 정기간행물 446종, 외국어 도서 1,449종, 출판물 납본 6,286종 12,260권, 사회 및 기증도서 1,838종 3,651권, 중국어 기증 정기간행물 783종, 기타지역 정기간행물 389종 및 기증 국제교환문헌 69권을 보유하고 있다(2018년 쓰촨성도서관 홈페이지).

(1) 희귀도서

쓰촨성도서관에서 보유 중인 희귀도서는 수와 당나라의 권축장 불경의 사본, 송, 원, 명, 청나라의 유명한 문인의 귀중한 시와 사집(私集,) 쓰촨 지역 지방지 및 고대 중국의 의학 고전 등이 있다. 그 중 '국가귀중고서목록'에는 〈홍무남장(洪武南藏)〉, 송나라시대 쓰촨에서 각인한 〈진서(陈书)〉, 원나라시대에 각인된 〈남사(南史)〉, 명나라시대에 각본된 진노연의 〈수호엽자(陈老莲画水浒叶子)〉, 〈화양국지(华阳国志)〉 등이 수록되었다(2015년 12월 기준).

그림 3-49 | 진노연의 〈수호엽자(陈老莲画水浒叶子)〉

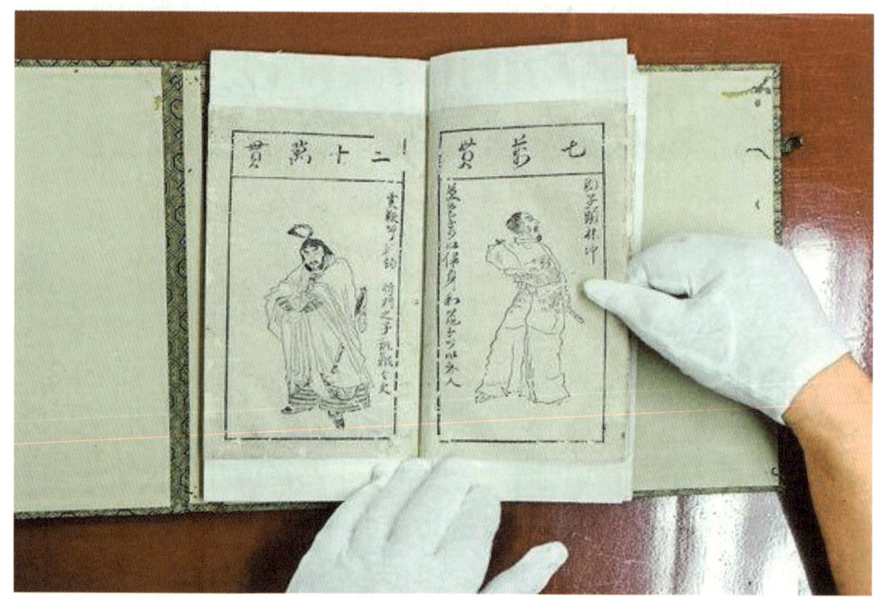

(2) 디지털자원

2017년 12월 쓰촨성도서관은 150TB의 디지털자원을 보유하고 있다. 도서관에는 총 48개의 데이터베이스가 있으며 그 중 6개는 자체 구축 데이터베이스이다.

표 3-31 | 쓰촨성도서관 자체 구축 데이터베이스

구분
면죽 목판 세화(绵竹年画) 데이터베이스
장족탕카(藏族唐卡) 데이터베이스
쓰촨요리 데이터베이스
금전판(金钱板) 데이터베이스
쓰촨청음(四川清音) 데이터베이스
쓰촨 서천 메모리 데이터베이스

5) 조직

쓰촨성도서관에는 총 220명의 직원이 있으며, 그 중 90명 이상이 고급전문기술직원 및 중급전문기술직원이다. 2017년 12월을 기준으로 행정 사무실, 당위원회 및 징계위원회 사무실, 인사과, 재무과, 지원서비스부, 노동조합위원회, 이·퇴직 간부과, 보안부, 구입사무소, 교육지도부, 도서정보연구발전부, 문헌자원 구축부, 유통열람부, 신문 및 정기간행물부, 특별장서부, 참고봉사부, 소년아동부, 정보기술부, 이용자서비스부, 중심관 종합부, 중심관 외부간행물협조부 등 21개 부서가 있다(2016년 쓰촨성도서관 연간보고서).

그림 3-50 | 쓰촨성도서관 조직도

6) 서비스

(1) 사회교육

2015년 기준 쓰촨성도서관은 강좌 95회, 전시회 24회, 교육훈련 5회 및 기타활동 43회를 개최했다(2016년 쓰촨성도서관 연간보고서).

표 3-32 | 2015년 쓰촨성도서관 활동

구분	활동 횟수
강좌	95
전시회	24
교육	5
기타활동	43
계	167

(2) 활동 비디오

2016년부터 쓰촨성도서관에서는 주말 예술감상회, 파촉강단(巴蜀讲坛) 및 쓰촨성도서관 이용자살롱 등에 대한 활동 기록 비디오를 히말리야FM(喜马拉雅FM)에 업로드한다.

그림 3-51 | 히말리야FM 홈페이지

표 3-33 | 쓰촨성도서관 활동비디오

구분	수량
주말 예술감상회	65
파촉강단	71
쓰촨성도서관 이용자살롱	6

(3) 온라인 전시회

쓰촨성도서관에는 쓰촨 고서 디지털도서관, 이일맹(李一氓), 이할인(李劼人), 〈홍무남장(洪武南藏)〉, 진노연의 〈수호엽자(陈老莲画水浒叶子)〉, 촉전 8권(蜀典八卷), 〈화양국지(华阳国志)〉 12권, 촉감 10권(蜀鑒十卷), 〈주화엄법계관문(注華嚴法界觀門)〉 1권 석종밀찬(釋宗密撰) 송각본 등 총 11개의 온라인 전시회가 있다. 온라인 전시회는 쓰촨성도서관에서 보유하고 있는 고서를 디지털 파일로 온라인에서 열람할 수 있도록 제공하는 서비스이다.

표 3-34 | 쓰촨성도서관 온라인 전시회

내용
쓰촨 고서 디지털도서관
이일맹(李一氓)
이할인(李劼人)
〈홍무남장(洪武南藏)〉
진노연의 〈수호엽자(陈老莲画水浒叶子)〉
촉전 8권(蜀典八卷)
〈화양국지(华阳国志)〉 12권
촉감 10권(蜀鑒十卷)
〈주화엄법계관문(注華嚴法界觀門)〉 1권 석종밀찬(釋宗密撰) 송각본

7) 프로그램

(1) 쓰촨성 고서보호센터

쓰촨성 고서보호사업 청제연합회(厅际联席会议)는 쓰촨성의 고서보호를 위한 최고의 조직 및 조정기관으로서 쓰촨성의 고서보호에 대한 전반적인 계획과 조직을 책임지고 있다. 또한 쓰촨성의 지역 고서보호, 고서정리 및 고서센서스에 대한 작업을 조직하여 고서 종합정보 데이터베이스를 구축한다. 고서보호센터는 고서보호 인력을 양성하고 고서데이터에 대한 심사를 하여 국가 고서보호센터에 보고할 전문가를 조직한다.

(2) 국가 문화정보공유 프로젝트

국가 문화정보 공유 프로젝트는 2002년부터 문화부와 재정부가 공동 주관하는 국가 중요문화 수혜사업이다. 한족·티베트 문화교류사업은 문화부와 국가 공공문화 발전센터가 공동으로 주관하고 있으며 쓰촨성 지방 문화부가 계획하고 쓰촨성도서관이 실시한다. 또한 상하이도서관 및 기타문화기관이 공동 참여하는 기본문화 프로젝트로, 2012년 10월 티베트 지역의 안정과 단결유지, 티베트인들의 문화생활지원, 티베트와 한 지역의 공동발전을 촉진하기 위해 쓰촨성 지방 문화부와 쓰촨성도서관이 티베트에서 문화적 지원의 관점에서 문화활동을 수행했고 지난 5년 동안 총 24개 실무그룹 270명 지원자가 티베트 지역으로 들어왔다. 35개의 강좌, 51개 양성반 및 11개 순회문고를 개설하였으며, 6개 말단 서비스점, 6개 한·티베트 문화교류 기지, 30개 문화쉼터 및 2개 성급 중요 고서보호기관을 구축했다.

그림 3-52 | 2017년 한족·티베트 문화교류사업

(3) 디지털도서관 진흥 프로젝트

2011년 문화부와 재무부가 공동으로 디지털도서관 진흥 프로젝트를 시작했다. 국가 문화정보공유 프로젝트와 공공디지털 열람실 건설 계획에 이어 시작된 또 다른 디지털문화건설 프로젝트 중 하나로 쓰촨성도서관도 참여하고 있다.

2016년부터는 '어린이의 음성, 고전의 새로운 사운드'라는 디지털도서관 진흥 프로젝트가 시작되었다. 2018년에는 중국국가도서관 디지털도서관 진흥 프로젝트와 전국 각급의 공공도서관이 '국가 어린이 온라인 낭독활동'을 공동 후원했다. 전국 어린이 시 낭독 온라인활동은 해마다 활발해지고 있으며 점점 더 많은 공공도서관이 참여하고 있다. 쓰촨성에는 5,856명의 어린이가 참가했으며, 총 5,859개 낭독 오디오를 보유하고 있다. 선정결과 1명의 어린이 송독챔피언(전국 10명), 13명의 어린이 송독달인(전국 50명), 170명의 어린이 송독시인(전국 600명)을 포함하여 총 184명의 수상자를 배출하였다.

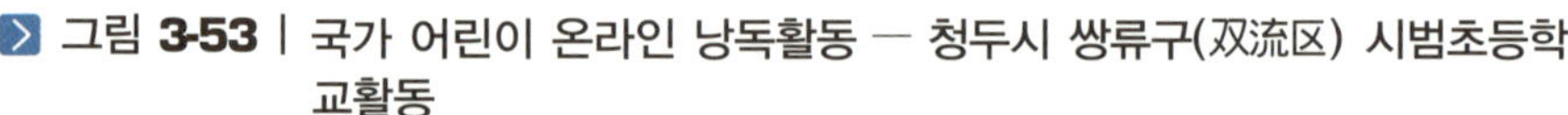

그림 3-53 | 국가 어린이 온라인 낭독활동 — 청두시 쌍류구(双流区) 시범초등학교활동

내용 및 사진출처

국가 문화정보공유 프로젝트. (2018.12.24.).
http://www.sclib.org/single.htm?action=keyProjectDetail&c=1521490260898858&id=1021510800316445

국가 어린이 온라인 낭독활동. (2018.12.24.).
http://www.sclib.org/single.htm?action=keyProjectDetail&c=1521490260898857&id=1021527918629258

디지털도서관 진흥사업. (2018.12.24.).
http://www.sclib.org/single.htm?action=keyProjectDetail&c=1521490260898857&id=1021510800316488

쓰촨 고서 디지털도서관. (2018.12.24.).
http://guji.sclib.org/

쓰촨성 고서보호센터. (2018.12.24.).
http://www.sclib.org/single.htm?action=keyProjectList&m=&c=1521490260898860&t=1521490682915151

쓰촨성도서관 개요. (2018.12.24.).
http://www.sclib.org/info.htm?id=1021510800316071

쓰촨성도서관 내부기구. (2018.12.24.).
http://www.sclib.org/list.htm?c=1521490682915158

쓰촨성도서관 바이두백과. (2018.12.24.).
https://baike.baidu.com/item/%E5%9B%9B%E5%B7%9D%E7%9C%81%E5%9B%BE%E4%B9%A6%E9%A6%86

쓰촨성도서관 온라인 전시회. (2018.12.24.).
http://www.sclib.org/single.htm?action=keyProjectList&c=1331493357248913

쓰촨성도서관 위키피디아. (2018.12.24.).
https://zh.wikipedia.org/wiki/%E5%9B%9B%E5%B7%9D%E7%9C%81%E5%9B%BE%E4%B9%A6%E9%A6%86

쓰촨성도서관 자체 구축 데이터베이스. (2018.12.24.).
http://www.sclib.org/info.htm?id=1021510800316095

쓰촨성도서관 활동비디오. (2018.12.24.).
http://www.sclib.org/single.htm?action=keyProjectList&c=1331493357248912

쓰촨성도서관 희귀도서. (2018.12.24.).
http://www.sclib.org/info.htm?id=1021529998416729

한・티베트 문화교류사업. (2018.12.24.).
http://www.sclib.org/info.htm?id=1021506045796465

히말리야FM. (2018.12.24.).
https://www.ximalaya.com/zhubo/91605150/

9. 텐진시 도서관

- 주소 : 천진시 하서구 평강로 58번지
- 전화 : +86 22 8388 3630
- 팩스 : 022-83883629
- 홈페이지 : http://www.tjl.tj.cn/Default.aspx

1) 도서관 개요

전국 1급 도서관인 텐진시도서관(천진시도서관)은 중국에서 가장 오래된 성급 공공도서관 중 하나이며 국가 주요 고서를 보존하는 역할을 한다. 현재 텐진시 난카이구 북강로에 위치하고 있는 텐진시도서관은 북강로관, 문화센터, 해하교육관 3개 건물로 나뉘어져 운영되고 있다.

그림 3-54 | 텐진시도서관 북강로관

2) 연혁

- 텐진시도서관은 1908년에 창립된 직례도서관, 1929년에 설립된 텐진특별시시립도서관, 1948년에 설립된 텐진시도서관으로 구성됐다.
- 1907년 11월, 직례[7]제학[8]사(直隶提学使) 루징(卢靖)이 "국가의 본질을 보존하고 문화증진, 학교교육지원 및 사회적 지식을 증진"하는 목적으로 직례도서관의 설립을 시작하도록 유도했으며 1908년 6월 9일 공식적으로 개관했다.
- 개관 초기의 장서는 20만 권이었으며 전반적인 도서관 신설 초기의 컬렉션을 반영한 〈직례도서관서(直隶图书馆书目)〉 32권을 편찬했다.
- 1918년 9월, 직례도서관의 명칭이 '직례성립제일도서관'으로 변경됐다.
- 중화민국 17년인 1928년, '허베이성립제일도서관'으로 개칭했다.
- 1929년, 텐진특별시는 시립도서관을 설립하고 '시립도서관 기획 개요'를 공포했다.
- 1937년, 일본 침략군에 의해 점령되며 '텐진특별시립제일도서관'으로 개칭했다.
- 1945년, 항일전쟁이 승리한 후 원래의 텐진시시립도서관이 복원됐다.
- 1949년, 텐진 해방 이후 '텐진인민도서관'으로 1982년에는 '텐진시도서관'으로 개칭했다. 텐진시 정부가 투자하여 건설된 텐진시도서관 신관이 개관했다.
- 2011년 10월, 텐진시 진남구 신휘로에 자리 잡은 텐진도서관 해하교육관이 개관했다.
- 2012년 5월, 텐진시 하서구 평강도에 자리 잡은 텐진시도서관 문화센터를 개관했다(2018년 텐진시도서관 홈페이지).

7) 직례 : 직접 통치한다라는 뜻으로 지명을 대체하는 '관칭(官)'으로 사용되며, 명(明)·청(清) 시대 중앙에서 지방을 행정·통할하는 행정제이다.

8) 제학 : '제독 학정'의 약칭이다. 중국 고대에는 문화교육을 전담하는 고급 지방행정관이 있었는데, 송나라 1103년 송휘종(宋徽宗)은 각 길(현재의 성에 해당)에 '제거학사사(提举学事司)'를 두어 소속 주(州)현의 학교와 교육행정을 관리하였다. 청나라 1905년에 과거(科举)를 그만두고 학교를 흥성하게 한 후 제학사(提学使)로 명칭을 변경하였다.

그림 3-55 | 옛 직례도서관

그림 3-56 | 옛 텐진시시립도서관

3) 시설

텐진시도서관은 북강로관, 문화센터, 해하교육관 등 총 3개 관으로 구성되어 있으며, 총 건축면적은 12만m^2이다. 먼저 텐진시도서관 북강로관은 500만 권의 도서를 수용할 수 있는 32,000m^2의 건축면적을 자랑하며 20개 이상의 서고와 20개의 전문열람실을 갖추고 있다. 아울러 2,000석 이상의 열람석을 보유하고 있으며 하루 평균 5,000명 이상의 이용자를 수용할 수 있다. 텐진시도서관 문화센터는 텐진시도서관의 중심 건물이며 건축면적은 57,000m^2이다. 지상 5층과 지하 1층으로 나뉘어 있으며 건축 디자인은 '지혜의 낙원'으로 구상되어 지혜를 전하는 건물이라는 테마를 보유한 건물이다. 마지막으로 텐진시도서관 해하교육관은 총 32,000m^{2}의 건축면적을 지니고 있다.

4) 장서

텐진시도서관은 현재 중국어 및 외국어 도서 606만 권, 고서 53만 권, 중국 및 외국신문 및 정기간행물 51만 권, 시청각자료 15만 권 등 총 726만 권의 장서를 소장하고 있다(2016년 텐진시도서관 연간보고서).

(1) 선본

희귀도서 8,000여 권이 있으며 그 중 2,563권은 〈전국선본총목(全国善本总目)〉에 수록되었다. 남송 임안 진가서점(陈家书籍铺)의 각본 〈탕후시고(棠湖诗稿)〉는 중국국내 유일본이다. 또한 유명한 장서가인 주숙도(周叔弢)의 기증도서를 비롯하여 700여 권 활자본 고서가 있다.

(2) 지방지

지방지는 3,600여 권을 소장하고 있다. 주로 장서가 임봉포(任凤苞)가 기증한 '천춘원' 컬렉션을 기반으로 지속적인 수집, 보충 및 확장을 통해 특색 장서를 형성해 나가고 있다. 그 중 명나라 가정연간의 〈요동지(辽东志)〉 및 만력 연간의 〈서주지(徐州志)〉가 포함되어 있다.

그림 3-57 | 〈요동지(辽东志)〉

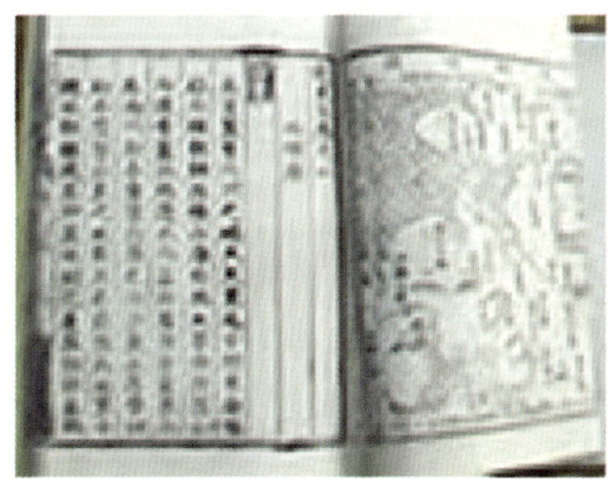

그림 3-58 | 〈서주지(徐州志)〉

(3) 중국 근현대 역사자료 및 텐진 지역 역사자료

텐진의 〈익세보(益世报)〉, 〈경진 타임즈보(京津泰晤士报)〉, 〈양수원상주(养寿园奏议)〉, 〈대동서(大同书)〉 등의 귀중한 역사자료를 소장하고 있다.

그림 3-59 | 〈대동서(大同书)〉

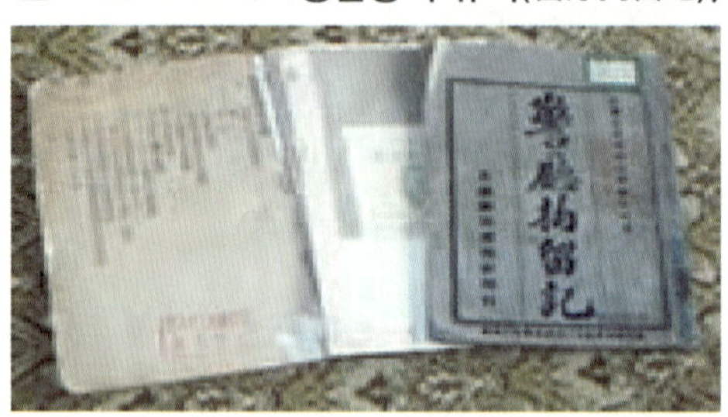

그림 3-60 | 〈경찰청 구류기(警厅拘留记)〉

(4) 혁명문헌(革命文献)

혁명문헌(革命文献)으로 모택동, 주덕 및 박고 등 중국 명인의 저작이 있다. 대표적으로 주은래의 〈경찰청 구류기(警厅拘留记)〉 및 서구의 〈"적자" 상황(西欧的"赤"况)〉 등을 보유하고 있다. 또한 텐진시도서관은 총 29개의 혁명문헌 관련 데이터베이스를 구축하고 있다.

표 3-35 | 자체 구축 데이터베이스

구분	
고서문헌	텐진지역희곡
역사문헌디지털자원	텐진항진기사
〈진고문화(津沽文化)〉 시리즈 테마 프로그램	보하이 주변 경제 구역
무형문화재 명록	텐진건립 600주년 시리즈 강좌
텐진문화예술지	〈텐진무형문화재〉 시리즈
텐진민속지방지	텐진극예
거류민간 자위단(居留民团史料) 역사자료	텐진민속
특색도서 컬렉션	문화 강좌
무형문화재 데이터베이스	농업과학 및 기술
〈텐진유형문화재〉 시리즈 테마 프로그램	관광문화
해하대강당	텐진스타

구분	
명인이 살던 집	전성기36명가개지도(鼎盛三十六家图卷)
경극 음향 · 영상	당 건설 칼럼
텐진지방지	〈텐진유형문화재〉 시리즈 테마 프로그램 2

5) 조직

텐진시도서관의 전체 직원은 총 284명으로, 그 중 박사 3명, 석사 42명, 학사 165명이 있다. 고급전문기술직원은 10명이고 부고급전문기술직원은 57명, 중급전문기술직원은 117명, 초급전문기술직원은 93명이다(2016년 텐진시도서관 연간보고서).

그림 3-61 | 텐진시도서관 조직도

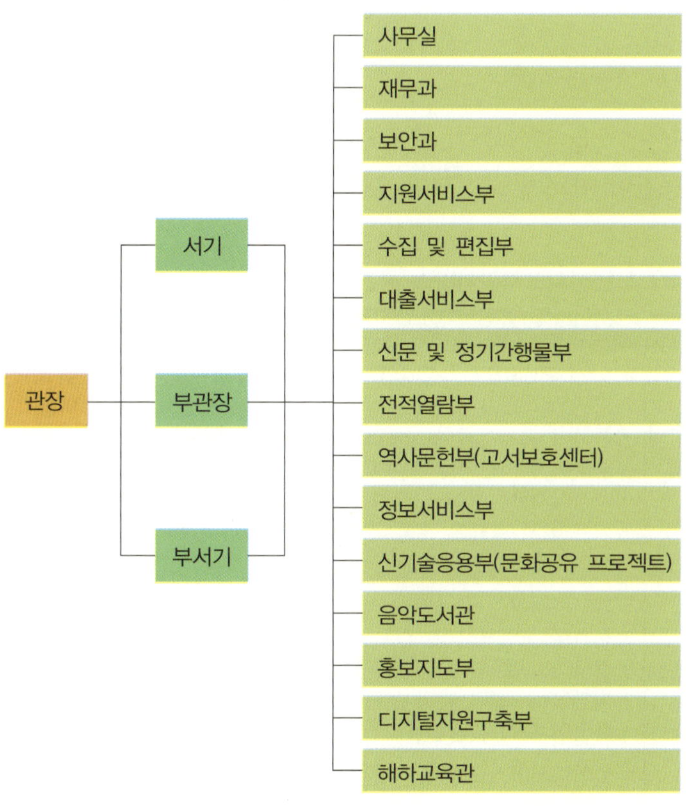

6) 서비스

(1) 사회교육

2015년 기준 텐진시도서관은 강좌 117회, 전시회 60회, 교육훈련 25회 및 기타활동 285회를 개최하였다(2016년 텐진시도서관 연간보고서).

표 3-36 | 2015년 텐진시도서관 활동

구분	활동 횟수
강좌	117
전시회	60
교육	25
기타활동	285
계	487

(2) 분관별 서비스 공간

텐진시도서관은 문화센터, 북강로관, 해하교육관 3개의 분관별로 서비스 기능과 공간이 다르게 구성되어 있다.

표 3-37 | 텐진시도서관서비스 공간

구분	서비스 공간
문화센터	• 노인, 어린이, 시각장애인서비스 구역, 스플 반납 구역, 자습실, 전시실, 종합 안내데스크, 출입증서비스 구역, 학자풍인연(书香缘), 이용자 식당 • 중국어 도서 열람실, 중국어 정기간행물 열람실, 중국어 신문 열람실 • 중국어 정기간행물 열람실, 중국어 도서 열람실, 음악강의실, 음악감상실 • 시청각자료감상실, 디지털자료서비스 구역, 정부정보공개 열람서비스센터 • 기본 장서 열람실, 홍콩 및 대만도서 열람실, 외국어 열람실, 근대문헌 열람실, 역사문헌 열람실
북강로관	• 출입증서비스 구역 및 자습실 • 전자문헌 검색실 및 전자문헌 열람실 • 중국어 신문 및 정기간행물 열람실 • 기본 장서 열람실 및 외국어신문 및 정기간행물 • 중국어 도서 열람실
해하교육관	• 출입증서비스 구역, 전자문헌 열람실 및 도서 열람실 • 신문 열람실 • 종합 안내데스크 및 스플 대출 및 열람 구역

(3) 원카드 통차통환(通借通还)

'원카드 통차통환(通借通还)'은 우리나라의 '상호대차·책이음서비스'와 유사한 서비스로, 이용자가 연합된 도서관에서 책을 대출한 뒤 다른 연합도서관에 그 책을 반납할 수 있는 서비스이다. 2016년 12월 기준, 텐진시도서관은 평화구도서관, 허베이구도서관, 허동구도서관 및 남개구도서관 등 21개 도서관과 연합하여 '원카드 통차통환(通借通还)'서비스를 제공하고 있다.

(4) 자동차도서관

현재 텐진시도서관은 '원카드 통차통환'서비스와 마찬가지로 21개 도서관과 연합하여 이용자에게 자동차도서관서비스를 제공하고 있다. 자동차도서관은 원거리 지역주민의 생활 주변으로 도서관자료, 장비, 직원을 차량에 싣고 운반하여 도서관 봉사를 제공하는 서비스이다.

(5) 음악도서관

음악도서관은 텐진시도서관 문화센터 서쪽 3층에 위치하여 있다. 음악도서관의 서비스 지역의 전체면적은 약 1,200m^{2}로 2012년 국경일에 대중에게 공개되었으며 텐진시도서관에 새로 설립된 특화도서관이다. 음악도서관에

그림 3-62 | 텐진시도서관 음악도서관 활동

는 음악강의실, 음악감상실 및 시청각자료감상실 등 세 가지 공간을 제공하고 있다. 또한 고해상도의 시청각 장비 및 그랜드피아노뿐만 아니라 다수의 원본 오디오 및 비디오자료를 갖추고 있다. 아울러 음악감상실에는 14,400개 이상의 CD가 있으며 시청각자료감상실에는 52,000개 이상의 DVD와 클래식음악, 팝음악, 민속음악 및 희곡 등의 음악자료를 제공한다.

음악도서관은 텐진음악대학교와 함께 텐진 음악 강좌를 제공하고 있으며, 음악 지식의 보급, 음악 문맹 퇴치 및 문화감상 증진에서부터 높은 수준의 강의를 제공한다. 또한 텐진시도서관 음악도서관은 이용자와 음악 애호가들의 음악 학습 공연을 위한 플랫폼을 제공하는 필하모닉클럽(Philharmonic Club)을 설립했다. 필하모닉클럽에서는 테마 음악행사를 실시하였으며, 행사 진행을 위해 음악 예술가와 애호가들을 초대하였다. 테마 음악행사는 텐진 음악 강좌 3주년을 기념하여 '서향아운 2016 신년음악회' 주제활동이나 공후(箜篌) 등의 악기, 황매고금(黄梅古琴)상석회와 같이 다양한 주제로 하는 활동이다.

내용 및 사진출처

원카드 통차통환(通借通还). (2018.12.24.).
http://www.tjl.tj.cn/ArticleChannel.aspx?ChannelID=295

자체 구축 데이터베이스. (2018.12.24.).
http://www.tjl.tj.cn/ArticleChannel.aspx?ChannelID=260

텐진시도서관 개요. (2018.12.24.).
http://www.tjl.tj.cn/ArticleChannel.aspx?ChannelID=287

텐진시도서관 바이두백과. (2018.12.24.).
https://baike.baidu.com/item/%E5%A4%A9%E6%B4%A5%E5%9B%BE%E4%B9%A6%E9%A6%86

텐진시도서관 북강로관 사진. (2018.12.24.).
http://kongxinlouban.com/Case_Show.asp?ID=1151

텐진시도서관 서비스 파티션. (2018.12.24.).
http://www.tjl.tj.cn/ArticleChannel.aspx?ChannelID=291

텐진시도서관 순회서고. (2018.12.24.).
http://www.tjl.tj.cn/ArticleChannel.aspx?ChannelID=392

텐진시도서관 위키피디아. (2018.12.24.).
https://zh.wikipedia.org/wiki/%E5%A4%A9%E6%B4%A5%E5%9B%BE%E4%B9%A6%E9%A6%86

텐진시도서관 음악도서관. (2018.12.24.).
http://music.tjl.tj.cn/

텐진시도서관 장서 현황. (2018.12.24.).
http://www.tjl.tj.cn/ArticleChannel.aspx?ChannelID=288

2016년 텐진시도서관 연간보고서
http://www.tjl.tj.cn/upload/ckfinder/files/Report/report2016.pdf

10. 광둥성립 중산도서관

- 주소 : 광주시 월수구(越秀区) 문명로 213번지
- 전화 : +86 20 8382 2369
- 팩스 : 020-83831667
- 홈페이지 : http://www.zslib.com.cn/index.aspx

1) 도서관 개요

광둥성립중산도서관(광동성립중산도서관)은 국가 1급 도서관으로 중국국가 문학정보자원공유 프로젝트의 광둥성 하위센터(sub center)의 역할을 한다. 또한 광둥성 고서보호센터 및 국가도서관 공동목록센터로서 오랜 역사를 가지고 있으며 컬렉션이 풍부하여 중국 내외에서 유명하다.

광둥성도서관의 본관은 명나라 1912년에 설립된 '남원(南园)'이었다. 그 후 청나라의 광아서고(广雅书库)[9]가 되었다. 그 중 '항풍헌(抗风轩)'은 중화

그림 3-63 | 광둥성립중산도서관

9) 광아서고(广雅书库) : 1887년 6월 장지동(张之洞)이 국파정사(菊坡精舍)에 설립했으며, 광아서고는 1,000여 종의 책과 조각을 소장했다. 서국의 각종 도서는 현재, 광아서원(广雅书院) 장서루에서 소장하고 있으며, 서원의 학생들이 자유롭게 이용하며 연구하고 체험할 수 있도록 하였다.

민국과 중국국민당의 설립자이자 삼민주의(三民主义)[10] 주창자로 오권헌법(五权宪法)을 창시한 손중산[11]의 초기 혁명활동의 비밀기지였다. 광주시 문덕로에 위치한 손중산문헌관은 현재 중산소년아동도서관이라는 명칭으로 운영되고 있다.

2) 연혁

- 광둥성립중산도서관의 본관은 청나라 말기에 있는 광야서고(현재 손중산문헌관)의 장서루(藏书楼)이며, 1912년에 창건되어 광둥성립도서관으로 명명됐다.
- 1919년, 양정분(梁鼎芬)의 자손들은 광둥성립도서관에 2만 권 이상의 도서를 기증했으며, 이것이 광둥성립중산도서관의 최초의 개인 기증도서이다.
- 1927년, 미국, 캐나다, 멕시코, 쿠바 등지에 거주하는 화교들이 손중산을 기념하기 위한 광주시립중산도서관을 건립하였다. 아울러 기금을 마련한 뒤 1933년에 완공하였다.
- 1955년, 광둥성립도서관과 광주시립중산도서관을 합병하여 광둥성도서관으로 개칭했다.
- 1986년, 광둥성립중산도서관이 문명로에 신관으로 이전했다. 이전되기 전 건물은 손중산문헌관으로 개칭했다.
- 2003년, 광둥성 지방정부는 광둥성립중산도서관의 재건축사업을 수행하기 위해 5억 위안을 투자하였으며 전체 프로젝트는 생태, 에너지 절약, 노력 및 인류풍요를 중점으로 하였다.
- 2008년, 주택 및 도시 농촌 개발부가 그린 빌딩과 저에너지 빌딩 '더블 백' 시범 프로젝트 대상으로 선정하였다.
- 2010년, 12월 30일 개축 및 확장 프로젝트의 첫 번째 단계가 완료되고 공식적으로 개관하였다(2018년 광둥성립중산도서관 홈페이지).

10) 삼민주의(三民主义) : 민족주의(Principles of Nationalism), 민권주의(Principles of Democracy), 민생주의(Principles of People's Livelihood)로 이루어져 있다.

11) 손중산 : 손중산(1866년 11월 12일~1925년 3월 12일)은 중국 근대 민족민주주의 혁명의 개척자이며 중국 민주혁명의 선행자이다.

3) 시설

광둥성립중산도서관의 총 건축면적은 103,599m²로 현재 광둥성립중산도서관은 문명로총관(文明路总馆), 계화분관(桂花分馆), 대불사분관(大佛寺分馆), 원덕분관(文德分馆), 용문분관(龙门分馆) 및 육조분관(六祖分馆)으로 구분되어 있다. 그 중 본관인 문명로총관은 53,900m²이다. 계화분관은 광주대학 계화강(桂花岗)캠퍼스에 있으며 광주대학도서관의 분관이기도 하다. 대불사분관은 광주대불사도서관의 기반으로 2008년 6월에 설립되었다. 광둥성립중산도서관 소년아동도서관인 원덕분관은 광주문덕북로에 위치해 있고, 이는 2층 건물에 11개 서비스 구역이 있으며 건축면적은 6,000m²이다. 용문분관은 광둥성 후이저우시 용문현에 위치하여 2007년 3월에 창립되었고 용문현도서관의 기반으로 설립되었으며 동시에 용문소년아동도서관이기도 하다. 육조분관은 광둥성 윈푸시 신싱현 육조진에 위치하고 있으며 육조소년아동도서관이기도 하다.

광둥성립중산도서관은 편리한 교통수단을 갖추고 있으며, 다기능 세미나실, 회의실, 전시실을 보유하고 있다. 또한 제품 출시, 고객 모임, 기업 내 교육, 서예 및 회화 전시회 및 기타 개인 맞춤 그룹행사 진행을 위한 최적의 장소로 운영되고 있으며, 회의장에는 회의 시설과 전시 장비가 완비되어 전문적인 서비스의 제공이 가능하다.

4) 장서

광둥성립중산도서관은 광둥의 가장 큰 지역문헌 및 손중산문헌 수집센터로 2017년 기준으로 광둥성립중산도서관은 총 약 861만 권의 일반문헌을 소장하고 있으며, 그 중 종이문헌 847만여 권(일반도서 689만여 권, 외국어 도서 27만여 권), 시청각문헌 11만여 권, 마이크로문헌 2만여 권을 소장한다. 정기간행물 2만4천여 종의 88만6천여 권 및 신문 약 2,545종 21만5천여 권이 있다. 전자문헌(전자책, 전자저널, 비디오 데이터베이스 등 포함)은 약 846만여 점이 있다(2018년 광둥성립중산도서관 홈페이지).

(1) 지역문헌

광동성립중산도서관은 지역문헌의 수집과 정리를 중요시하며, 현재 10만여 종 40만여 권의 지역문헌을 축적했다. 이러한 귀중한 문헌 중에는 광둥 신구지방지 2,600종 및 신구 계보 900종을 포함한다. 그 중 명나라 황좌(黃佐) 〈광둥통지(广东通志)〉 70권은 중국에서 희귀한 자료로 꼽히고 있는데, 광둥 지역문헌 및 손중산문헌 외에도 청나라시대, 중화민국 시기의 신문 및 정기간행물, 남중국해 해역 및 하이난도의 역사자료, 동남아시아 및 해외 화교 역사자료, 대만, 홍콩 및 마카오의 해외 중국 문학 작품이 포함되어 있다. 또한 손중산의 작품, 전기, 논평연구, 필체 사진 레코드 및 1911년의 혁명문헌(革命文獻) 사본 4,000개 이상과 남중국해와 섬의 광둥지도가 있다. 지역문헌 자체 개발의 관점에서 광둥성립중산도서관은 〈광둥근대인물사전〉, 〈차오산문헌서목제요〉, 〈객가문헌서목〉, 〈광주문헌서목제요〉 및 〈백년도록〉 등을 출판했으며 〈광둥지역문헌도서〉, 〈광둥지역문헌보간〉 및 〈손중산문헌〉 등과 같은 데이터베이스를 구축했다.

그림 3-64 | 〈광둥통지(广东通志)〉

(2) 특색문헌

광둥성립중산도서관에 소장한 고서에는 3만여 종 47만 권이 포함되어 있다. 그 중 3,000여 종 3만여 권의 선본, 3만여 종 20만여 권의 일반고서, 3만여 권의 금석문헌(金石文献) 및 650종 10만여 권의 총서가 있다. 현재 청나라 이래 광둥 지방지, 계보, 광둥 역사자료, 광둥어 저술서, 신문, 정기간행물 및 지도 등을 포함하여 10만 종 40만 권 이상의 광둥지역문헌을 소장하고 있다. 그 중 특색 있는 광둥 지방지 2,600여 종, 계보 900여 종, 손중산문헌 4,000여 권을 포함한다. 2016년, 광둥도서관 172권 선본은 〈국가 희귀도서 목록〉에 선정되었다.

(3) 전자자원

광둥성립중산도서관은 중국에서 가장 큰 디지털 데이터베이스를 구축했다. 그 중 전자책 40만 종, 중국어 전자저널 논문 1,200만 점, 석사 및 박사 학위논문 10만 점, 외국어 전자저널 500만 점 등이 있다. 그리고 8TB의 저장 용량을 가진 80개 이상의 사실형 및 문헌형 데이터베이스를 구축했다.

현재 국가문화공유 프로젝트 광둥성 하위센터(sub center)를 설립했으며 '광둥디지털문화 네트워크' 1개, 시급말단센터 21개, 현급도서관, 향진도서관 및 문화센터 등과 같은 말단센터 300여 개를 구축했다. 또한 전자책 120만 종, 전자저널논문 2,200만 점, 석사 및 박사 학위논문 35만 점, 학술회의 논문 20만 점 등이 있으며 수십 개의 사실 데이터베이스를 구축했다. 풀뿌리 대중에게 고품질문헌 검색 및 무료 원격문헌 배달서비스를 적극적으로 제공한다.

(4) 마이크로문헌

전국 도서관 마이크로문헌 복제센터의 회원도서관 중 하나인 광둥성립중산도서관은 선본 937권 약 46만 권을 포함하여 2,400종 약 21만여 bit 디지털 스캔 필름 작업을 완성했다. 중화민국 시기의 정기간행물 968종 약 85만 bit, 도서 1,094종, 약 8만 점, 해방 전 신문 약 490종 60만 bit, 약 85만 bit, 해방 전 신문 490종, 약 60만 bit, 신 중국 창립 이후 신문 12종 26만 bit 작업을 완성했다. 이용자들에게 더 나은 서비스를 제공하기 위해, 현재 100만 마이크로필름문헌 원문 데이터베이스 구축의 첫 단계를 진행 중이다.

표 3-38 | 광둥성립중산도서관 장서 현황(2016년 기준)

유형	구분	수
중국어	도서	4,700,000권
	정기간행물	9,000종 500,000권
	신문	300종 합정본 70,000권
외국어	도서	200,000권
	신문 및 정기간행물	200,000권
시청각자료	오디오	9,000종
	비디오	12,000종
고서	일반고서	30,000종 200000권
	선본	3,000종 30,000권
	금석문헌	30,000권
	총서	650종 100,000권
지역문헌 디지털문헌	특색 광둥 지방지	2,600종
	계보	900종
	손중산문헌	4,000권
마이크로문헌	고서 선본	937종 460,000점
	중화민국 정기간행물	968종 85점
	중화민국 도서	1,094종 80,000점
	해방 전 신문	490종 600,000점
	신 중국 창립 이후 신문	12종 260,000점
전자자원	전자책	1,200,000종
	중국어 전자저널논문	22,000,000점
	석사 및 박사 학위논문	350,000점
	외국어 전자저널	5,000,000점
	데이터베이스	80개
	학술회의논문	200,000점
	저장 용량	8,000GB

또한 광둥성립중산도서관은 13개 특색장서 데이터베이스를 제공한다.

표 3-39 | 특색장서 데이터베이스

구분
특색문헌 데이터베이스
마이크로문헌 원문 데이터베이스
손중산 멀티미디어자원 데이터베이스
광주대전
보도란웨(报图览粤)ㅡ청나라 초기 화보 중의 광둥
청나라 말기 정기간행물 원문 데이터베이스
서동문ㅡ'청나라 광수 새로운 법' 전체 텍스트 검색 데이터베이스시스템
중국금석목록
중화민국시대 정기간행물 원문 데이터베이스
서동문ㅡ(청나라 회전 다섯 권) 전체 텍스트 검색 소프트웨어
중국 디지털 지방지 데이터베이스
광둥명의(广东名医)
차오산문헌목록(潮汕文献书目)
광둥성맹그로브습지 주제 데이터베이스(广东省红树林湿地专题)
객가문헌목록(客家文献目录)

5) 조직

광둥성립중산도서관은 전체 19개 부서로 구성되어 있다. 직원은 총 258명이며 그 중 석사 25명, 학사 169명이 있다. 고급전문기술직원은 9명이고 부고급전문기술직원 50명, 중급전문기술직원 120명 및 초급전문기술직원은 79명이다.

그림 3-65 | 광둥성립중산도서관 조직도

6) 서비스

(1) 사회교육

2015년 기준 광둥성립중산도서관은 강좌 82회, 전시회 78회, 교육훈련 66회 및 기타활동 614개를 개최하였다(2016년 광둥성립중산도서관 연간보고서).

표 3-40 | 2015년 광둥성립중산도서관 활동

구분	활동 횟수
강좌	82
전시회	78
교육	66
기타활동	614
계	840

(2) 'You Read, I Purchasing'

광둥성립중산도서관은 지방 수준의 포괄적인 공공도서관으로서 학습 지향적인 사회와 독서습관을 형성하기 위해 서점과 공동으로 'You Read, I Purchasing' 활동을 개최하였다. 도서관이 서점의 '대출 신청' 지점을 설정하고 이용자가 서비스 지점인 서점을 방문해 원하는 자료를 선택 및 신청한다. 아울러 선택한 자료를 도서관에 신청하면 도서관은 자관의 입수조건에 맞을 경우 서점에 있는 도서관 사서가 바로 신청도서를 구입한다. 이용자는

그림 3-66 | 'You Read, I Purchasing'

서점의 대출 신청 지점에서 선택한 자료를 대출하고 도서관으로 반납하면 된다. 이 활동의 목적은 모든 사람들의 독서활동을 위한 플랫폼을 구축하고, 이용자들이 적극적으로 참여하도록 동원하며 열람시스템 구축을 더욱 촉진하는 것이다.

7) 프로그램

(1) '중도에 들어서다(走进中图)'도서관 투어활동

'중도에 들어서다(走进中图)'라는 활동은 이용자들을 안내하여 도서관의 각종 서비스를 소개하고 체험하는 등의 내용을 경기 형식으로 하는 도서관 투어활동이다. '읽기+흥미+정향[12]'이라는 주제의 이벤트를 통해 도서관을 느끼고, 도서관을 이해하며, 독서의 즐거움을 느낄 수 있도록 참신한 형식과 내용으로 진행하자는 취지로 시작되었다. 각 참가자는 파견된 임무카드의

그림 3-67 | '중도에 들어서다(走进中图)' 도서관 투어활동

12) 정향(定向) : 방향을 정함.

내용에 따라 지정된 장소에 도착하여 임무를 수행한 후 도장 하나를 받을 수 있으며, 모든 도장을 모은 이용자는 기념품과 증서 한 장을 받는다.

(2) 광둥성립중산도서관 친환경생태보호도서관

광둥성립중산도서관 친환경생태보호도서관은 각종 자원을 활용해 환경보호의 이념을 알리고 환경보호정보를 전파해 생태문명 건설을 추진하는 것이 목적이다. 공익적 서비스를 바탕으로 어린이, 학생 및 시민에게 무료 서적 대출, 전자자원 검색, 전시회, 강좌 및 영화전시회 등의 서비스를 제공한다. 또한 정부기관과 과학연구기관 및 전문직에게 맞춤형 주제상담서비스를 제공한다. 현재 친환경생태환경도서관 홈페이지에는 첨단언론(高端言论), 생태위기, 환경관찰, 핫이슈, 광둥생태, 극단적 기상재해, 뉴스정보, 환경홍보, 정책법규, 생태환경과학, 환경처우, 신에너지 등의 칼럼이 있다. 첨단언론, 광둥생태, 생태위기와 환경관찰, 최근 이슈의 다섯 가지 칼럼을 중점으로 소개하며 이용자에게 중요한 정보를 전달한다.

그림 3-68 | 충화시(从化市), 첫 번째 국제생태디자인대회

내용 및 사진출처

광동성립중산도서관 개요. (2018.12.24.).
http://www.zslib.com.cn/userhelp/01/bggk.aspx

광동성립중산도서관 마이크로문헌. (2018.12.24.).
http://www.zslib.com.cn/TempletPage/Page.aspx?column=sw

광동성립중산도서관 바이두백과. (2018.12.24.).
https://baike.baidu.com/item/%E5%B9%BF%E4%B8%9C%E7%9C%81%E7%AB%8B%E4%B8%AD%E5%B1%B1%E5%9B%BE%E4%B9%A6%E9%A6%86

광동성립중산도서관 소년아동도서관 개요. (2018.12.24.).
http://www.zslib.com.cn/userhelp/09/sefw.aspx#

광동성립중산도서관 소년아동도서관 사진. (2018.12.24.).
https://tc.sinaimg.cn/maxwidth.800/tc.service.weibo.com/mmbiz_qlogo_cn/2d2bf2fe3d4c0eac27ae160eb6001052.jpg

광동성립중산도서관 위키피디아. (2018.12.24.).
https://zh.wikipedia.org/wiki/%E5%B9%BF%E4%B8%9C%E7%9C%81%E7%AB%8B%E4%B8%AD%E5%B1%B1%E5%9B%BE%E4%B9%A6%E9%A6%86

광동성립중산도서관 장서 현황. (2018.12.24.).
http://www.zslib.com.cn/userhelp/01/gcqk.aspx

광동성립중산도서관 특색문헌. (2018.12.24.).
http://www.zslib.com.cn/TempletPage/Page.aspx?column=tc

다기능 세미나실, 회의실, 전시실 소개. (2018.12.24.).
http://www.zslib.com.cn/userhelp/01/bgt.aspx

"You Read, I Purchasing." (2018.12.24.).
http://www.zslib.com.cn/jingtaiyemian/hongbao/index.html

2016년 광동성립중산도서관 연간보고서
http://www.zslib.com.cn/jingtaiyemian/zwgk/2016%E5%B9%B4%E6%8A%A5.pdf

|찾|아|보|기|

| 저자소개 |

노영희 Younghee Noh
연세대학교 문헌정보학과에서 박사학위를 받았다. 문화체육관광부의 우수도서로 선정된 3권을 포함하여 50권 이상의 도서를 출판하였으며, 2012년 우수논문상을 받은 논문을 포함해 120편 이상의 논문을 기고하였다. 세계 3대 인명사전 중의 하나인 Marquis Who's Who에 2012~2016년까지 등재되었으며, 건국대학교 최고연구자상(2009년), 건국대학교 최고교수상(2014년)을 수상하였다. 또한 2014년에 한국도서관정보학회에서 우수논문상을 수상하였다.
2004년부터 건국대학교 문헌정보학과에 재직 중이며 메타데이터, 디지털도서관, 인터넷 정보자원처리, 디지털 콘텐츠에 대해 강의를 하고 있다.
현재는 건국대학교 LINC+ 사업단 사업단장으로 지역과 함께한 사회맞춤형 산학협력사업을 진행하고 있으며, 학제간 융합연구총괄센터 센터장으로 한국연구재단 학제단 융합연구 수행팀들을 지원하고 있다. 대표저서로는 「디지털콘텐츠의 이해(2014)」, 「전문사서와 경력개발(2015)」, 「차세대 디지털도서관의 이해(2016)」, 「한국문헌정보학 교과과정(2016)」 등이 있다.

정대근 Daekeun Jeong
전남대학교 문헌정보학과에서 '청소년 독서유효성 영향요인 연구'로 박사학위를 받았으며, 현재 (사)경제문화공동체 더함 경제문화연구소에서 연구소장을 맡아 지역 경제문화 및 정책에 대한 연구를 진행하고 있다. 또한 전남대학교, 광주대학교 등에서 강의를 하고 있으며, 데이터베이스론, 정보시스템분석, 도서관사, 웹출판론, 연구방법론 등을 강의하고 있다. 건국대학교 학술연구 교수로 재직하면서 융합연구총괄센터 부센터장으로 인문사회기반 융합연구 영향요인 등을 분석하였다. 세계 3대 인명사전 중의 하나인 Marquis Who's Who에 2018~2019년까지 등재되었다.
대표저서로 2016년 세종도서로 선정된 「(책은 최고의 장난감) 기적의 책놀이 멘토링(2015)」이 있으며, 공저로는 「(차이가 만드는 기적) 융합연구방법론(2019)」이 있다. 도서관서비스, 도서관경영, 독서교육, 융합연구 등을 주제로 30여 편의 논문을 기고하였다.

장징징 張晶晶, Zhang Jingjing
중국 지린농업과학기술대학에서 한국어전공 문학사학위를 받았으며, 이후 건국대학교에서 문헌정보학을 전공하였다.

중국도서관의 이해와 사례

2019년 8월 10일 1판 1쇄 인쇄
2019년 8월 15일 1판 1쇄 발행

저 자 | 노영희 · 정대근 · 장징징
발행인 | 이수영
발행처 | 도서출판 청람
서울시 마포구 독막로 288(대흥동, 세양상가 109호)
전 화 | 02)3272-2601~2
팩 스 | 02)3272-2603
이메일 | crbooks@daum.net
홈페이지 | http://www.crbooks.co.kr
등 록 | 2000년 8월 26일 제6-0509호

ISBN 978-89-5972-707-0 93020 [정가 19,000원]